子どもがわたしに教えてくれること

福田萌子 著

はじめに

この本が発売される頃には、まもなく子どもが2歳の誕生日を迎えます。この2年の月日は、私が子どもに育ててもらい、母親2歳を迎える日でもあります。今まで何気なく見ていた景色も、子ども目線のフィルターを通して見てみると違う世界が広がっていて、毎日「日常の冒険」に出かけているような感覚です。

最近のお気に入りの遊びは〝かくれんぼ〟。どこかに身体を隠すだけではなく、廊下の壁にぴったりくっついて壁になりきり、私のことをそっと見るのも〝かくれんぼ〟ですし、目をつぶるだけでも世界が見えなくなるから〝かくれんぼ〟なのです。子どもは想像力を働かせて、何もないところでも身体ひとつさえあればいくらでも遊びを創り出してくれます。ですから「鬼」がいてどこかに隠れるのが〝かくれんぼ〟というルールにとらわれず、自由に遊んでいいのだということに気づかされました。

大人になるとつい規則やルールにとらわれがちですが、柔軟な発想で創造性を磨くことを怠ってはいけないのだと改めて学ばせてもらっています。

以前出版した著書『「なりたい自分」になるシンプルなルール』（幻冬舎）のあとがきに、「もしもあなたが保育者となった時には、どうかまず、自分たちの幸せを優先してほしい」と書かせていただきました。それは、間違いではなかったと、この2年の月日の中で感じています。

あの頃はまだ一人だったので想像でしかありませんでしたが、儚く尊い命を守るためには、何よりも保育者の健康が大切だと身をもって感じています。心と身体はつながっているので、どちらか一方が欠けてもいけません。

心も身体と同じように風邪をひきます。身体の不調は体温計などで測ることができますが、心の場合は少しわかりづらい時もあります。心がちょっと風邪気味だと感じたら、まずは自分が満たされ喜ぶことを処方してあげてほしいです。保育者の心身が健康で、幸せであることが、子どもの幸せにつながるのだと私は信じています。

私の経験がそのままみなさんの出産や子育てに当てはまるとは限りませんが、「私はこんなふうにしています」「こんなことを感じ、このように考えています」とお伝えすることで、もしかしたら多少は参考にしてもらえることがあるかもしれません。子どもが生まれることでガラリと変わる身体や心、生活習慣への不安とどうやって向き合っていったかなどもお伝えしながら、成長していく子どもとの〝日常〟を具体的に綴らせていただこうと思っています。

私自身、母親としてはたった2歳の赤ちゃんで、この先の子どもの成長段階で起こることは未知の領域です。でも今言えるのは、「確かに大変なこともあるけれど、子育ては、とてもクリエイティブで楽しい」ということです。この本を通して、みなさんが子育ての大変な面よりも楽しさに焦点をあてられるきっかけになれたら、これほど嬉しいことはありません。

福田萌子

目次

はじめに　9

PART 1 母になる準備期間

出産前の私
妊娠を感じた瞬間　16
何をしたらよくて、何をしないほうがいいの？　19
坐骨神経に痛みが発生　22
毎日、話しかけるのが楽しくて　23
バースプランを考える　24

出産直前…そしていよいよ出産の時
ランニングシューズを荷物に入れて入院　27
陣痛が始まり、いよいよ出産の時　29
授乳姿勢はなるべく楽に　31

PART 2 少しずつ、母になる

我が子との対面（乳児期／0歳）
産後3ヶ月は大人が〝二人〟いたほうがいい　34
産後ケア施設のお世話になる　35
初めての自己主張　36
身体と心の両方のケアが必要　38
母乳が止まる　40

コラム　子供を迎えるにあたり、準備したもの

PART 3 子どもと共に成長する

シングルマザーとして生きるということ
シングルマザーになる決心　50
人の力を借りて子育てを　51
大切に接してくれる大人が多いと子どもも楽しい　53
頑張りすぎないように　55

成長する我が子（幼児期／1歳以降）

SNSとのつきあい方 *57*

出産・子育てが新たなキャリアに *59*

他の子どもと比べない *61*

ないものに目を向けず、あるものに目を向ける *64*

徐々に感情が増えていく *66*

イヤイヤ期が楽しみ *67*

怒らずに言い方を変える *69*

街でも自然の中でも自分らしく *71*

コラム　成長するにあたり準備したもの

PART 4

母の〝娘〟であった私が、母になる

～福田萌子×母・美佳子さんの対談～

涙が出るほど嬉しくて *82*

「大丈夫」は魔法の言葉 *85*

大人だけの時間があってもいい *88*

自立するまでのサポートが親の役目 *91*

まわりの人に感謝を *94*

コラム　産後の美容、どうしてる？

PART 5

私なりの子育て

睡眠について

「ねんトレ」をすることに *106*

環境を整える *108*

ねんねルーティーンは根気強く一貫性を持たせて *109*

セルフねんねに移行 *111*

ルーティーンを作ると大人も楽になる *114*

食事について

段階を踏んで食事トレーニング *117*

PART 6

人生を豊かにする子育ての時間

知育と遊び
手抜きをしてもかまわない 118
必要な栄養素が摂れるように 120
「食べる」ことが幸せであってほしいから 121
食べない理由はいろいろ 122
ティッシュケースからティッシュが出せるように 125
子どもの〝研究心〟を伸ばしてあげたい 127
「できる」が増えると、子どもも嬉しい 129
ベビーサインを試してみる 131
「選ぶ」楽しさを大切に 132
絵本を通して子どもの興味を知る 134
プレゼントはなるべく受け取る 135

コラム 我が家の離乳食レシピ

〝見方〟を変えると楽しい
ライフスタイルの変化を楽しむ 146
仕事との両立は余裕を持って 147

子どもと学ぶ時間
世界は美しいもので満ちている 148
日本の伝統文化や行事を大切に 150
子どものために知識を広げたい 152
世の中、いいことだけではないけれど 154

さいごに 156

PART 1

母になる準備期間

出産前の私

妊娠を感じた瞬間

なんとなく体調に違和感がある、という日がしばらく続いていた時、クーラーの入った涼しい室内で一人だけ汗だくになったことがありました。「子どもを授かることができたらいいな」と思って過ごしていたからなのか、これが風邪や疲れからくるものではないと、その時直感で感じたのです。

初めて心拍をモニターで確認した時は素直に嬉しくて、心があたたかく包まれたような気持ちになりました。と同時に、自分の身体にもうひとつの生命があるという不思議な現象を「すごい！　この身体に命がふたつ？」と驚嘆し、心の中で拍手を送ったのを覚えています。

時代は少しずつ変化し、大人になったら結婚して子どもを授かることが一般的な幸せのカタチではなくなり、生き方に選択肢が増えました。子どもと生きる人生を選択したいと考えている人のなかでも、授かりたい時期はそれぞれ異なると思いますし、その方法もさまざまです。

私は漠然と将来的に子どもが欲しいと望んでいましたが、20代の頃は現実的に考えることはできていなかったと思います。なぜ欲しいのかと自分に問うた時も、自分自身を納得させる答えが返ってこなかったからです。

「子どもが好きだから」「子どもが可愛いから」「子育てがしたいから」。どれも本当の気持ちなのですが、なんだかしっくりきません。本当に子どもが好きで可愛いと思うなら、子どもたちと過ごす仕事に就いたらいいのではないか。子育てがしたいから子どもが欲しいという考えはエゴではないだろうか。考えれば考えるほど「子ども」という存在を、自分の人生のひとつに入れたいと考えること自体、なんておこがましいのだろうと思う一方でした。エゴにならない理由のひとつを見つけ、「両親に孫を見せてあげたいから」と自分自身に答えた時もありました。そうすると、〝誰かのため〟

に聞こえて優しさは感じますが、そこで返ってくる次の質問は「両親のために自分の人生を決めるの？」という言葉です。

もしかしたら子どもを授かりたいと思う本能的な感情に、理屈は必要ないのかもしれませんが、自分の辻褄の合わない感情に納得がいっていなかったのだと思います。単純に、自分を説得できるだけの強い気持ちがなかっただけですが、きっと当時の自分の未熟さを知っていたからこそ命を育てることへの不安が大きく、まだ人の親になる準備ができていないと自覚していたのです。

その後、仕事や趣味で出会った方たちを通してさまざまな学びを経て、自分と向き合ううちに、少しだけその不安が和らいだような気がします。

以前は「絶対に今のあなたには無理です」と答えていたはずなのに、「もしかしたら大丈夫なのかもしれないね」と答えている自分に気がついたのです。

そんな時に恋愛リアリティ番組『バチェロレッテ・ジャパン』の初代バチェロレッ

テを引き受けてくれませんかと声をかけていただき、いい機会だと思いお引き受けしました。最終的にどなたかお一人を選ぶことはできませんでしたが、その後ご縁があり、子どもを授かることとなりました。

何をしたらよくて、何をしないほうがいいの？

初めての妊娠はわからないことだらけで、何をしたらいいのか、何をしてはいけないのか迷うこともありましたが、まずやめたのがコーヒーです。最初に行ったクリニックで、コーヒーやお刺身などの生魚はとらないようにと言われたので、コーヒーをやめてカフェインが含まれていない飲料や、きわめてカフェインの含有量が低いデカフェを飲むようになりました。

運動に関しても、それまで私がしていたランニングや筋トレなどはやめてくださいと言われました。「今までずっと走っていて慣れているので、軽いジョギングぐらいに抑えたらいいですか？」と尋ねたら、先生は「いや、歩くくらいにしておいてください」と言いました。言われた通り、今までしていたすべての運動をやめたのですが、ということは妊娠したらずっと安静にしていなくてはいけないの？と、なんとなく腑に落ちない気持ちも感じていました。

その後クリニックを変えることになったのですが、新しい先生から「何か運動していますか？」と聞かれたので、「本当はジョギングをしたいのですが、あまりよくないと言われたので、ずっと歩いています」と答えたら、「ジョギングをしても大丈夫ですよ。出産するには体力も必要ですから、ちゃんと身体を動かしておいてくださいね」と言われ、先生によってこんなにも見解が違うのか！と少しびっくりしました。最初に通院していた先生の言っていることは、小さなリスクも取らないようにという意味だったのだろうとは思うのですが、日常的に運動をしてきた私にとって、走ることを一切禁止されることは精神的にも身体にも悪影響だったように思います。

「他に何か聞いておきたいことはありますか？」と聞かれたので、「やっぱりコーヒーは飲んだらダメですよね」と尋ねたところ、「まったく問題ないです。アメリカでは、一日にコーヒー2～3杯分のカフェインを摂っても影響がないという論文がたくさん出ています」と説明してくださいました。

せっかくの機会なので、お刺身などの生魚についても伺ってみました。すると、「大丈夫ですよ。ただ万が一アニサキスが入っていると、アニサキス自体は胎児には影響がないものの、妊娠中は通常の薬が使えず治療方法が限定されるので、母体が大変なことになります。もし母体にダメージがあると、結果的に胎児にも影響が出かねません。ですからリスクを減らすためには、サバ、アジ、カツオ、イワシなどアニサキスがつきやすい魚は生で食べないほうが無難です。あと生肉は菌がいる可能性があるからやめてくださいね」と説明してくださいました。

運動も食べ物も、妊娠すると普段より気をつけることは多くなりますが、すべてをゼロにする必要はないのだと知って気が楽になりました。SNSやネット上では「妊娠したらこれをしてはダメ」といった情報が多く見られ、目にするとつい不安を感じてしまいます。医師からきちんと専門的に説明していただくことの大切さを、改めて認識しました。

坐骨神経に痛みが発生

妊娠6ヶ月目くらいから坐骨神経（腰のあたりからおしりを通って爪先まで伸びている神経）に違和感があり、おしりの付け根に痛みを感じるようになりました。放っておくとヘルニアになるかもしれないと思い、ストレッチの量を増やしたり筋膜リリースグッズを使用してケアをしていましたが、それでも痛みは取れません。するとある時、自分の〝重心〟が変化していることに気がついたのです。

ふと足元を見ると、親指はほぼ床をつかんでおらず、重心が外側に逃げている状態でした。お腹の内側にずっと重みを感じながら生活しているので、重心がつかめなくなっていても不思議ではありません。骨盤が開き、太ももの外側の筋肉に無理な力がかかっていたのでしょう。この出来事を通して、私の身体は自分だけを支えているのではないのだと改めて実感し、それからは自分の重心を探すのではなく、私とお腹の子、二人のバランスが保てる重心を意識するようになりました。

毎日、話しかけるのが楽しくて

　自分の身体の中にもうひとつ命があるというのは、とても神秘的であり不思議な感覚です。私は毎日お腹の子に話しかけたり、何か二人の身体を使いたい時には、その都度、尋ねるようにしていました。たとえば「お散歩に行きたいのだけど、気分はどうかしら?」、散歩中は「今、信号が赤だから止まっているんだよ」、家事をする時は「今からお洗濯しますね」と、実況中継をしている感じです。

　ある時、妊婦健診のエコーで子どもの生活を見ているうちに、いつも顔のまわりに手があることに気がつきました。赤ちゃんは子宮の中でぐるぐると自由に身体を動かしているはずなので、エコーで見る時に偶然、いつも手が同じ位置にあるのかと思ったのですが、先生がこう教えてくれました。

「胎盤は平らで、面白くないでしょう。でも顔には鼻や目があって、その凹凸が面白いからずっと触っているんです。この子たちは、楽しいことしかしないんですよ」

　私たちは生まれる前から楽しむことを知っていて、それを選択しているという先生の言葉にハッとしました。長く生きていると、固定概念やしがらみにとらわれて楽しむことを忘れてしまうことがありますが、人間の原点にある「楽しむ」精神を忘れてはいけないと、お腹の中にいる我が子が教えてくれたように感じました。

バースプランを考える

バースプランとは出産時の希望・要望をまとめるものです。

形式や内容は病院によって違いはあると思いますが、「分娩の立ち合いを希望しますか」という一般的な意思確認に加えて、「できるだけ薬を使わずに産みたい」「陣痛中は腰をさすってほしい」など、より細かな出産時のリクエストを事前に伝えることができます。

私が最初に書いたバースプランは「臍帯《さいたい》血保存」でした。臍帯血とは、妊婦と胎児を結ぶ臍帯、いわゆる「へその緒」と胎盤の中に含まれる血液のことです。この臍帯血の中には、赤血球、白血球、血小板などの血液細胞を作り出す造血幹細胞がたくさん含まれており、臍帯血を保存しておくと、将来、万が一子どもが白血病や再生不良性貧血といった血液などの病気にかかった際の治療に利用できると言われています。

私は子どもを授かる前から、赤ちゃんがお腹の中にいる時、すべての栄養はへその緒を通して受け取り、成長しているということの凄さを感じていました。胎盤や、それをつなぐ臍帯は女性の身体にもともとあるものではなく、妊娠すると作られ、出産の時に一緒に体外に出てくるものです。もしまた妊娠することがあれば、新しく身体の中で作られます。子宮のように何度も使うものではなく、（一絨毛膜双胎以外）一人の子に一つなのだと知った時には衝撃的でした。他者である母体の中で、ひとりひとりにカスタマイズされた細胞だということは、〝胎盤や臍帯も含めて胎児なんだ〞と思ったのです。

臍帯血の保管は病院で行っていることではないので、自分で申し込み、届いたキットを入院時に持って行き、先生に渡します。子どもの一生に一度の機会なので、破棄されてしまわないようにバースプランの一番上に大きな文字で書き込みました。

私は民間バンク（プライベートバンク）の『ステムセル研究所』に登録をしました。

その理由は赤ちゃん本人のために保存をすることができ、血縁関係のある家族への適合率も高いと知ったからです。

また、自分の保存した臍帯血を第三者が使用することにはなりますが、いざという時には自分も使える費用のかからない公的バンクもあります。もしこれから出産を控えていらっしゃる方がいたら、将来の保険に入る気持ちで利用してみるのもいいかもしれません。

その他には、分娩室で流したい曲のプレイリストを作っていたので音楽をかけさせてもらうこと、好きなアロマを持参するので陣痛時にティッシュに沁み込ませて渡してほしいということなども書きました。

薬に関しては、できる限り自然な出産を望んでいたので、陣痛誘発剤などは極力控えたいとお願いしました（とはいえ子どもの命が危ない状況になりそうな時は、先生にお任せしますということも補足しています）。

初めての出産はわからないことや不安が大きいからこそ、バースプランを書くことで、一つ一つをシミュレーションするいい機会になりました。もちろん実際に分娩台にのぼった時はプランしていた通りにいかないこともありますが、考えた時間が土台となり、心の準備が少しずつできていくのではないでしょうか。子どもと二人で行う出産を自分たちだけの出産にカスタマイズしていく感覚も、とても楽しかったです。

出産直前…そしていよいよ出産の時

ランニングシューズを荷物に入れて入院

陣痛がこなくて生まれるまでの間に病院内を歩いたという話は、よく聞くことだと思います。陣痛はきたのに子宮口が開いていないからと、痛みに耐えながら階段を何度も昇り降りした友人もいました。私もそういう可能性があることを考えて、入院用バッグにランニングシューズを入れておきました。普段でさえ、お腹で足元が隠れていることで転んでしまう不安があったのに、経験したことのない痛みに耐えながら歩くとなるとつまずくリスクも上がります。滑りにくくしっかり足をサポートしてくれるランニングシューズなら、身体に負担も少ないので安心して痛みに耐えながら歩くことができると考えたのです。

破水から始まった出産の日。病院に行くと「陣痛待合室」という部屋で陣痛がくるまで待つことになりました。「明日の朝までに陣痛がこなければ誘発剤を打つことになります」と言われて、返ってくる答えが半分わかりながらも「陣痛がくるためにはどうしたらいいですか？」と聞くと「歩いたり、バランスボールに乗ったりして身体を動かしてくださいね」とのこと。

私はすぐに、バッグに入れておいたランニングシューズに履き替え、病室の廊下を歩きはじめました。何度も往復しているうちにだんだんと身体が重くなり、７キロほど歩いた頃に腰と下腹部に痛みを感じたのです。そしてしばらく横になると、今までに経験したことのない強い痛みがやってきました。「陣痛がきました！」と看護師さんに伝えると、今度は「間隔を計ってください」とのこと。痛みに耐えながら計って伝えると「それは前駆陣痛なので、まだです。本陣痛につながるように痛みが少ない間はできるだけスクワットなどをしてくださいね」と言われてびっくり。陣痛には「前駆陣痛」「本陣痛」「後陣痛」の3種類があることを、この時初めて知ったのです。「前駆陣痛は長い方だと1週間続くこともあります」と言われ、翌朝には誘発剤を打たなくてはいけない状況がまだ変わっていないことに気づき、またランニングシューズを手にしました。

陣痛が始まり、いよいよ出産の時

朝の6時に破水して入院し、その日の夜10時に本陣痛が始まりました。陣痛を和らげるためには副交感神経を優位に働かせ、リラックスすることがいいと言われていいます。また、深い呼吸ができると血流の流れがよくなることにより陣痛が促進され、胎児がおりてきやすくなるとも学びました。私は痛みが強くなる時には四つん這いのヨガのポーズ「キャットアンドカウ」の姿勢をとり、深い呼吸をするように心がけました。

おかしな話かもしれませんが、臨月になった頃から「陣痛リリース法」と自分で名付け、分娩台にのぼった時の練習を重ねていたのです。

とはいえ、この世のものとは思えない痛みが続くので、それに耐えようと身体に力が入り呼吸を止めてしまうことも多く、なかなか練習した通りにはいきません。ですが「次は息を吐く時にもっと恥骨まで伸ばそう」とか「今の陣痛リリースはうまくいった！」など、強い痛みがくる一回一回を集中して行いました。

そして胎児が十分におりて最後のいきみがやってきました。いきむ時には腹筋と太ももの力を使い、息を吐きながらみぞおちに力を入れます。

それは、あおむけになり足を90度に曲げて上体を起こす腹直筋トレーニングと似ていました。太ももの筋肉と腹筋が必要となることは知っていたのですが、トレーニング方法が少し違っていたことに気づき、悔しさを感じました。助産師さんに誘導してもらいながら何度かいきむうちにコツをつかみ、「あぁ、次はもっと上手にできるなぁ」と思ったことを覚えています。

授乳姿勢はなるべく楽に

運動することが習慣で、妊娠中も筋力を落とさないようにトレーニングを続けていたからだとは思いますが、私は出産した次の日から普段とあまり変わらないペースで歩くことができました。それでも出産を経て、身体がボロボロになっているのも事実です。妊娠中はどうしても反り腰になりがちで肋骨や骨盤も開き、それは産後も続きます。変わってしまった骨の位置や姿勢は、出産を終えたからといってすぐに戻るものではありません。ですが10ヶ月かけて徐々に大きくなった子宮は、1ヶ月半ほどで妊娠前の大きさに戻ると言われています。子宮に押し上げられていた腸や胃などの内臓も下がってきます。元の位置に戻るというわけではなく、胎児や胎盤、羊水などで支えられていたものが、わずか数時間の出産によりなくなるので、きっと内臓には大きな負担がかかることでしょう。そんな状態の身体のまま、授乳が始まると今度は子どもをのぞき込む姿勢になるので、肩が前に出て背中が丸まり、首も肩甲骨回りも痛くなるのです。

一般的に赤ちゃんが母乳を飲むペースは、片方の乳房につき約10分かかると言われています。飲むペースがゆっくりな場合や左右の入れ替えも含めると、一回の授乳には30分ほどかかります。新生児の頃は2〜3時間おきの授乳により身体中がガチガチになるので、筋膜リリースローラーを使って、凝ってはほぐし、凝ってはほぐしの繰り返しでした。

そこで身体への負担を少しでも軽減するため、授乳椅子をレンタルすることにしました。授乳椅子は通常の椅子より低いので膝の位置が高くなり、赤ちゃんの顔と胸の距離を近くすることができます。また、授乳クッションを使うことで、二人にとって無理のない姿勢がとりやすくなります。もし椅子が高めで膝が自分の腰より低く、授乳クッションもない場合、お母さんはかなりかがみ込むか、赤ちゃんを持ち上げなくてはならず、身体に大きな負担がかかってしまうのです。

工夫を重ねても疲労は蓄積されるので、授乳が終わったら2〜3分だけでも肩を回したり腰を伸ばすなどの簡単なストレッチを行い、自分自身をいたわる時間が大切だと感じました。

PART 2

少しずつ、母になる

我が子との対面（乳児期／0歳）

産後3ヶ月は大人が〝二人〟いたほうがいい

出産前、病院で「生まれて3ヶ月間は一人になる時間を作らず、大人二人で子どもを見る環境を整えてくださいね」と言われました。出産によって身体は相当なダメージを受け、ホルモンバランスも大きく崩れているので、その点でも一人でのケアは避けたほうがいいと言われています。「パートナーが家にいても、リモートで仕事をしている場合は一人にカウントしないでください」とも言われましたが、その時は正直あまりピンときておらず、できる限り頑張ってみよう！と思っていました。

ところが出産後、実際に自分で経験して、先生から言われたことの意味がよくわかりました。2〜3時間おきに授乳をするのでゆっくり寝ることもできず、初めての子育てはいろいろ不安も湧いてきます。たとえば寝ている子どもを見て、あまりにも寝息がか細いので、ふと「息をしているのだろうか」と不安になり、そっと口の近くに手を当てて「あ、してる。大丈夫」と胸を撫でおろすこともありました。

そんな時に助けになってくれたのが産後ケア施設です。もともと実家に帰る予定もなかったので、なるべく身体を休ませて、少しでも整った状態で子どものケアができたらと考え、妊娠8ヶ月頃にオンラインで産後ケア施設の事前説明を受けました。

産後ケア施設のお世話になる

産後ケア施設には、4ヶ月の間に3回お世話になり、最初は産後2週間くらいの時に5日間滞在しました。ベビールームでは、助産師さんや保育士さんが24時間体制でサポートしてくれるので、まとまった睡眠をとって身体を休めることができます。また、初めての育児はわからないことが多く不安になりますが、助産師さんや保育士さんなど専門スタッフにすぐに相談でき、アドバイスをいただけるのもメリットのひとつです。

2回目の滞在からは、子どもが寝ている間はベビールームにお願いして、ゆっくりしたペースで走りに出かけていました。私がお世話になった施設は海の近くにあったので、景色を見ながら走る時間がとても気持ちがよかったです。やはり安全な環境で子どもを見守ってもらいリラックスできると、心も身体も休まります。

3回に分けて滞在したのは、子どもは日々成長するので、その都度出てくる新しい疑問や不安点を相談したいと思ったからです。おかげで日常で出てくる小さな疑問をクリアにできましたし、ベビールームを活用して原稿を書くお仕事などにも取り組むことができました。スタッフのみなさんには、心から感謝しています。

初めての自己主張

私が仕事でいなくてもお腹がすいて泣くことがないよう、新生児の頃から定期的に搾乳した母乳を哺乳瓶であげていました。ところがだんだん哺乳瓶を嫌がるようになり、気がつくと哺乳瓶では飲めなくなってしまったのです。飲み口の違う哺乳瓶を何種類も試してみましたが、やはりうまくいきません。このままずっと哺乳瓶で飲んでくれなかったらもしもの時にどうしたらいいのだろう…と、少し不安になりました。

3回目の産後ケア施設滞在の際に助産師さんに相談すると、母親が哺乳瓶であげようとすると拒絶してしまうこともあると言われました。確かにお母さんの香りがするのに感触が違うので、「イヤ」という気持ちが生じるのかもしれません。ところが第三者が飲ませようとすると、意外にも飲んでくれたりするそうです。そこで助産師さんや保育士さんたちが母乳を哺乳瓶であげてくれ、慣れるよう工夫してくれました。

飲めるかどうかをベビールームの外で見守り、飲まなかったら直接あげられるようにスタンバイ。あまり母乳の出はよくなかったので、足りなくならないように搾乳する時間を計算し、空いた時間は血行をよくする胸のマッサージを繰り返しました。

そんな時間を経て、哺乳瓶で飲んでくれた瞬間を見た時には、嬉しくて手をたたいて喜びました。スタッフのみなさんも同じように喜んでくれて、チームみんなで子育てをしている感じが本当に心強かったですし、ありがたいと思いました。

一人であれこれ悩んでいると、心配事が多くなり、徐々に不安がふくらんでいくこともあると思います。家族のサポートが得られる方もいると思いますが、そうでない場合は、事情が許せば産後ケア施設などを利用することも選択肢のひとつです。最近は訪問型の産後ケアもありますし、補助制度がある自治体もあるようなので、調べてみるといいかもしれません。

身体と心の両方のケアが必要

子どもとの生活が始まると、たとえば哺乳瓶を洗って消毒する、子どもの寝具や着ているものを洗濯する、おむつの補充など、日常生活のなかですることがかなり増えます。それに加え、2～3時間おきに授乳する生活が続くと、どうしても慢性的に睡眠不足になってしまいます。私は意識的に身体のケアはしていましたが、睡眠不足や忙しさが重なり、心身が限界まで疲れてしまったことがありました。

産後3ヶ月目くらいだったと思いますが、「私の不注意で子どもに何かあったらどうしよう」という不安が生じるようになり、子どもを抱いている時に「手が滑って落とさないでね！　しっかりして！」と自分に言い聞かせたり、「ここに段差があるよ」と意識的に声に出して点検していました。

ある日、体力的にも精神的にもいっぱいいっぱいで不安が大きくなり、友人に「会社が終わって何も予定がなかったら、うちに来てもらえないかな」とSOSを出しました。彼女は快くOKしてくれ、仕事終わりにうちに駆けつけてくれました。

彼女がただそばにいてくれるだけで、どれほど心強かったか。私が子どもを抱っこしたり、お風呂に入れるのを見ていてくれるだけでホッとし、安心しました。

出産直後の母親にとって、「孤独」はかなりこたえます。大丈夫だと思っていても、無意識のうちに一人でいることが不安で、怖いと感じていたのかもしれません。自分でなんとかしようと、「まだ大丈夫！」と言い聞かせていましたが、気がついたら大丈夫ではない状態になっていたのだと思います。

私はギリギリまで一人で抱えていましたが、弱音を吐いてはいけないなんて思わず、日頃から信頼できる人に「何かあったらお願いするね」と言っておくのも大事だと改めて感じました。

母乳が止まる

私はなるべく母乳で育てたいと考えていましたが、「生まれたらすぐに母乳が出るの？」という疑問もありました。母乳が出なかったというまわりの話も参考にしながら、出産間近には乳腺の血行をよくするために、胸のマッサージをしていました。生まれてしばらくは、子どもがお腹を空かせる時間を計算しながら搾乳をし、ストックを冷蔵庫にためつつ完全母乳で育てていました。しかしある時を境に、ピタッと母乳が出なくなったのです。大きなストレスを感じる出来事があった直後でした。

ストレスをためるとホルモンバランスが崩れ、母乳の味が変わったり、出なくなることがあるそうです。ですから、なるべく心穏やかにいようと心掛けていたのですが、ストレスは避けようと思っても避けられない場合があります。この一件でいかにストレスがホルモンバランスに影響を与えるのか、身をもって実感しました。それからは、万が一のために買っておいたオーストラリア産のミルクに切り替えました。

子どもを迎えるにあたり、準備したもの

初めて子どもを迎える時、どういうものを選べばいいのか迷ってしまうこともあると思います。「これがあってよかった!」と、私が実感したものをご紹介します。

ベビーカーはDONAのチャイルドシート一体型ベビーカー!

子どもが寝ている時の移動って起こしてしまわないかとハラハラして神経を使ったり、起こしてしまった時の子どもへの申し訳なさがストレスになりますよね。小さなことですが、毎日のことだとその小さなストレスが子どもにも保育者にもたまっていって知らない間にイライラしやすくなったり疲れ切ってしまったり…。

これはチャイルドシートがワンタッチでベビーカーになる機能がついています！　移動後もそのままチャイルドシートにして車に乗せられますし、降りる時も同様、寝ていてもそのまま移動することができる優れものです。

ワンタッチで
チャイルドシートが
ベビーカーに

そのまま
チャイルドシートに

睡眠はすべての基礎！

睡眠は私たちの健康や疲労回復にとても大切なもの。
大人でも1日の約3分の1をベッドの上で過ごすので、
その空間を快適に整えることがとても大事ですよね。
新生児の頃は1日19時間くらい寝ているので、睡眠環境にはとてもこだわりました。

1

2

Bedtime

空気清浄機もDysonのホルムアルデヒド除去のものを新しく買いました！真っ暗な状態を作るために加湿器などの光を放つ部分にも、すべて遮光テープを貼っています。

(※) 可能な限り揮発性有機化合物（VOC）を空気中に揮発し、空気汚染が少ない材料を使用しているもの。

1 子ども部屋は室温24℃湿度60%を常に保っています。 2 ベッドフレームや寝具は低ホルムアルデヒド(※)のもの。月齢が上がるのに合わせて早朝の光で起きて睡眠の質が下がらないように、遮光シートやテープで真っ暗な状態を作っています。夜間授乳が頻繁な新生児期はベビーベッドを寝室に置いていましたが、その後は子ども部屋で別々に寝るように。CuboAi の見守りカメラを取り付けているので、リビングや寝室にいながら常に子どもが寝ている様子をスペアの携帯で見守っています。
(写真はつかまり立ちを始めた頃からのベッドなので、高さが最下段になっています)

参考にした睡眠の本は…

『ママと赤ちゃんのぐっすり本「夜泣き・寝かしつけ・早朝起き」解決ガイド』

セルフねんねはこの本を通して知り、月齢別の子どもに必要な睡眠時間と睡眠習慣も学びました。月齢別のご機嫌で起きていられる活動時間も参考にしたので、眠くて機嫌が悪くなる前に寝かせてあげることができ、一日中笑って過ごしていました。質のいい睡眠がしっかりとれていると目覚めもスッキリ、起きた瞬間からニコニコです。もちろん、ハイハイをし出してからはぶつかることも増えて痛くて泣いたり、自我が強くなってからは泣いて意思を表現しています。

睡眠を快適にする肌着たち

肌が敏感な時期は、素材にこだわって服選びを

新生児期はとにかくお肌が敏感な時期。10ヶ月間ずっと裸で生活していて、この世界に出てきた瞬間に肌に触れるものは子どもにとってストレスが大きいと思ったので、とにかく素材にこだわりました。着ていたのはミキハウスのゴールドレーベルやシルク素材の短着とコンビ肌着です。

Milk

市販のミルクは入念に調べて購入

母乳が止まってからは、ベラミーズ・オーガニックのミルクに

できる限り完全母乳で、と思っていたのですが4ヶ月でぴたりと出なくなってしまい、もしもの時に…と調べて購入しておいたベラミーズに切り替え。ミルクと一言に言ってもたくさんの種類があり、子どもの身体には何がいいのかわからなかったのですが、調べていくうちに【0～1歳ごろまで】という表記に疑問が芽生えました。新生児の頃と、離乳食も進み内臓機能も成長した1歳が同じミルクで栄養価が足りるのだろうか？　また、未熟な新生児にとって、そのミルクが負担ではないのか…。成長の著しい時期だからこそ、月齢に合わせて栄養量が変わるものがないかと調べ、海外のオーガニックミルクに辿り着きました。オーストラリアは妊娠前に毎年1ヶ月滞在していたこともあり、食品に対する安全性の基準のレベルが厳しいことなどを肌で感じていたので、オーストラリアのベラミーズを選択しました。

用意していて助かったものたち！

持ち運びベッド

赤ちゃんが快適に過ごせるようにお腹の中を再現した形で作られた、DockATotの持ち運びができる赤ちゃんスペース。ベッドを動かすことができないけれどほぼ横になったままの0～3ヶ月の頃に、リビングで安全な場所を確保するために重宝していました。

Bed

ベビーバス

賛否両論あるベビーバスは買ってよかった派。Stokkeのベビーバスはサイズが大きく長く使えるのに、畳めてコンパクトになるので今も愛用しています。自分はシャワーだけの日でも子どもは毎日湯船に入れてあげられるし、大きな湯船だとサポートするのに腰が痛くなるけれど、ベビーバスだと負担も少なく安全です。お水遊びやお水学びの場として立つようになってからも重宝しています。

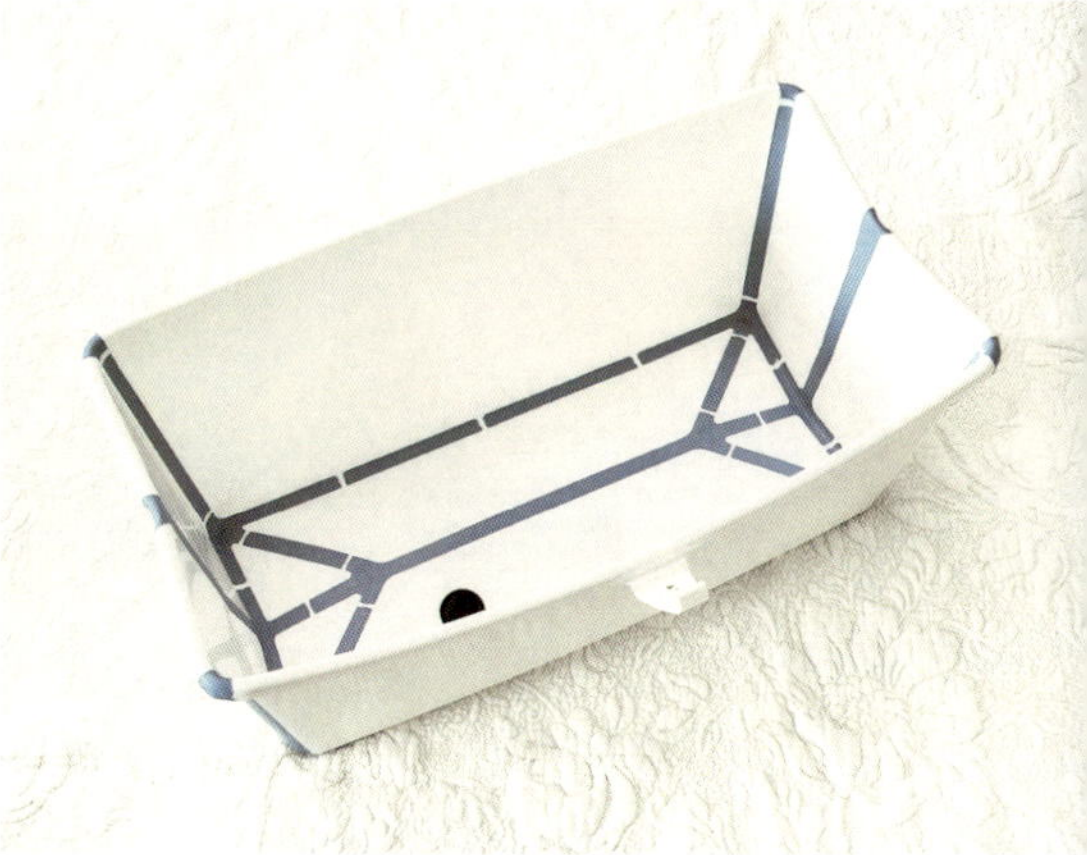

Bath time

ベビーオイル、スキンケアは できるだけナチュラルなものを

1 YAKUSHIMA BLESSの固形石鹸は1ヶ月以上かけて熟成させる昔ながらの製法で作られ、保湿成分が多く含まれています。もともとはアトピーだったお子さんのために作られたそうです。汚れだけを落としてお肌に必要なものはそのまま残してくれるので、私自身も愛用しています。

2 ブラジルのブランド、Natura Mamae e Bebeのボディソープやシャンプーは、新生児から使える天然成分のもの。敏感肌にも使えるナチュラルなものなのにとてもいい香りなのがお気に入り。

ALOBABYは開発から生産まですべて日本国内で行っているオーガニックのもの。ミルクローションはお肌にのせた時にのびがよくベタつかないので使いやすいです。ちょうどいい柔らかさなので子どもが自分で身体に塗る時も、硬すぎず流れすぎず、ほどよく塗ることができます。

ボディクリームは塗り込むのではなく、身体の上に置くようにして塗るといいと産後ケア施設で教えてもらいました。赤ちゃんは乾燥しやすいのでたっぷりの量を！とも言われたので、惜しみなく私の手のひらいっぱいの量を使っています。それでもお洋服を着たりお口を拭いたり、リビングでゴロゴロしているとすぐにとれてしまうので、食後や寝る前などの節目節目で塗り直しています。

肌着や衣服は“素材”にこだわりました

Clothes

おくるみ

新生児期はモロー反射で起きてしまうので、おくるみで腕の動きを抑えてあげるとよく眠れると言われています。今まで狭いお腹の中にいたので、ぎゅっとホールドされている方が安心するそう。ですが、足までホールドされると股関節脱臼症になるリスクが上がるので、足の部分は袋タイプになっているものがおすすめ。我が家で使っていたのは愛波あやさんのおくるみです。

スリーパー

寝返りをしだした頃からは、腕を出す袋タイプのスリーピングバッグを月齢に合わせてサイズを変えながら使っています。歩き出しても足元が袋タイプだとベビーベッドの柵を登ることができないので安全ですし、寝冷えの心配も少ないです。我が家ではオーガニック素材で肌触りがよく、通気性にも優れたエイデンアンドアネイのスリーピングバッグを使っています。

2

1

1 H&Mのオーガニックコットンの肌着は3for2(※)なので長袖、半袖、タンクトップと、季節や月齢によってたくさん購入しデイリーに着ています。柔らかくて肌触りがよく、カラーもたくさんあるので肌着で様々なカラーにトライして子どもに似合う色を探してから、トップスやアウターなどのお洋服を購入しています。子ども服はすぐに着られなくなりますが、H&Mはすべての店舗にリサイクル用の古着回収BOXがあり、環境にも優しく買い替えられるのが嬉しいポイント。　**2** ステラマッカートニーのロンパースは月曜日から日曜日まで模様違いで7種類あります。ちょっとした肩のデザイン性の高さや、袖が長いところがお気に入り。
(※) 3つの商品を2つ分の値段で購入できること。

授乳期に助けられた愛するグッズがこちら

2

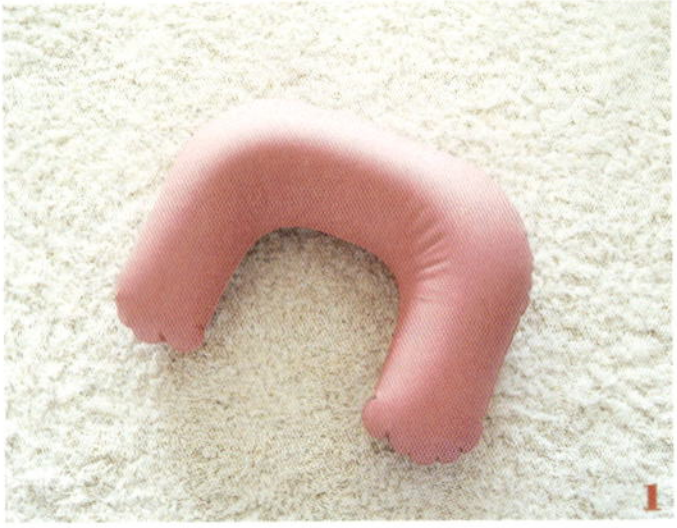

1

4

3

Others

2〜3時間おきに1回約20分の授乳が必要な新生児期。母親にとって、授乳の姿勢をとっている時間はベッドに横になっている時間より長いかもしれません。 赤ちゃんのお顔が胸のすぐ下にくるように爪先立ちになったり、上半身を丸めて前のめりになったりと無理な姿勢をとることがしばしば…。

授乳の姿勢の負担をなるべく軽減させたいと思い、授乳ポジションが楽になる椅子とクッションを探しました。授乳クッションはいろんなタイプのものがあり、赤ちゃんとお母さんの体型によって相性があると思うので、二人にとって心地いいクッションを探してみるといいと思います。私が使っていたのはこちら。

1 産院でも使っていたエアータイプのもの。別売りの専用カバーにはボタンがついているので腰の後ろで固定することができて便利です。 **2** DockATotの授乳クッションはリビングに置いても馴染む お洒落な柄がたくさん！ コンパクトで持ち運びしやすく、ちょっとした肘置きにもなるので授乳以外にも使えます。 **3** 膝の位置を高く保てるcombiの授乳イス。授乳期間しか使わないと思い、半年間だけレンタル。とても重宝しました。 **4** 妊娠中に助かったU字型の抱き枕・ノルディックスリープは、形を自由自在に変えられるので、寝室にいる時に抱き枕兼授乳クッションとして重宝しました。好きな姿勢がとれるようにホールドしてくれるので、妊娠出産を終えた今もマストハブのアイテム。

PART 3

子どもと共に成長する

シングルマザーとして生きるということ

シングルマザーになる決心

ある時期から、パートナーとお別れしたほうがいいのかもしれないという思いが徐々に頭をよぎるようになりました。その一方で子育ては初めての経験ですし、子どもが小さいうちは特に、誰かがそばにいてくれるだけで安心という気持ちもありました。子どもには父親がいたほうがいいのではないか、私の一存で子どもから父親を奪っていいのだろうかとも思いました。でもしっかり自分と向き合った結果、私は子どものためというより、自分のストレスをためないために結論を出すのを避けていたのだ、と気づいたのです。

そのうち、関係を続けるためだけの関係でいることは子どもにとって幸せではないのかもしれない、という思いが強くなっていきました。そしてしっかりと考えた末に、誰よりも子どものためにパートナーとはお別れしようという結論に達したのです。

人の力を借りて子育てを

仕事をしながら子育てをするには、人の力が必要なので、ベビーシッターさんを探しました。

シッターさんの面接にはいろいろな方法があるようで、事前にオンラインで面接をする方や、実際に来てもらい15分ほどお話しして決める、という方が多いようです。私はまずはお会いして、その後1～2時間ほど子どもと過ごしてもらい、その間、別の部屋で待っているという方法を取りました。

私は子どもに話しかける時も「○○でちゅよ～」といったいわゆる「赤ちゃん言葉」は使いません。もちろんシンプルな言葉を選びますが、大人同士の会話と同じように、「これは○○と言います」と話しかけるようにしています。シッターさんの面接の際にもそうお伝えし、「人にされて失礼だと思うことは、子どもにもしないでいただけると嬉しいです」とお願いしました。

たとえば、おむつを替える時。もしも私たちが、何も言われずにズボンを他人に脱がされたらどう感じるでしょう。いきなり洋服を脱がされて、びっくりしてしまうはずです。

大人に対してしたら失礼なことは、子どもに対しても失礼だと思います。ですから私はいつも「今からおむつ替えてもいいですか？」「おズボン下ろしてもいいですか？」と了解を得るようにしています。

もちろん1歳未満の子どもに聞いてもOKとは言わないでしょうし、大人が今自分に何をしているのか、十分に理解できていないかもしれません。それでもやはり子どもの感情をないがしろにしたくはないので、きちんと了解をとるという私の考え方をシッターさんにも尊重していただきたいと思っていました。

かけがえのない我が子を見守ってもらうわけですから、私なりの子育ての考え方に共感してくださる方にお願いしたいと思い、多くの方と面接をしました。そのおかげで、とてもいいシッターさんに出会うことができました。たとえば私が家にいる時に、子どもが何か家の中にあるものを噛みたそうにしていたりすると、そのシッターさんは「もしかしたら噛んだらよくないものかもしれないから、お母さんに聞いてみるね」と子どもに伝えてから、「これを噛みたいみたいですけれど、どうでしょうか？」と聞いてくれます。

大人だけで話をするのではなく、子どもを一人の人格者として尊重する。そういうシッターさんと出会えたことが本当によかったと思います。

大切に接してくれる大人が多いと子どもも楽しい

仕事と育児が重なって疲れてしまうと、心が狭くなったり、ついため息をつきそうになったりすることもあります。そんな時は「今の私、黄色信号かも」と思い、翌日に支障が出ないよう仕事がない日でも、シッターさんに来てもらうことがあります。

2時間ほど保育をお願いし、その間にたまった家事や雑務を集中的にすませると心にも余裕が生まれますし、子どもだけと向き合う時間も増えます。パートナーや家族が近くにいる場合は頼れる人に、シングルの方や家族が遠くに住んでいてなかなか頼る人がいない場合は、シッターさんに保育をお願いするなどして少し自分を休ませることも大切だと思います。

なかには自分が家にいるのに人に保育をお願いしていいのだろうかと躊躇してしまう方もいるでしょうし、パートナーから反対される場合もあるかもしれません。でも、あまり無理をしないようにして保育者の心身の健康を保つのは、結果的に子どものためになると思います。東京都の自治体によっては「ベビーシッター利用支援事業」という、ベビーシッターを必要としている保育者に対して利用料の一部を補助してくれる制度も設けられています。各自治体で条件には違いがあるため、一度調べてみるといいかもしれません。

私はシッターさんにお願いするのとは別に、子どもへの声のかけ方が似ている友人に月に4、5回、1回2時間半ほど仕事として来てもらっています。友人なので安心して子どもを任せられますし、やはり気が楽な面もあります。子どもにとっても、保育者と同じように自分を大切にしてくれる大人が何人もいるのは嬉しいことなのではないでしょうか。

頑張りすぎないように

乳児期、幼児期の間は子どもの安全を守るために目が離せないので、自分以外に子どもをサポートしてくれる人がいないと、なかなかお手洗いにもいけません。そんなふうに24時間子どものケアをしているからこそ、改めてではありますが、あまり頑張りすぎないほうがいいのではないかと思います。保育者が疲れすぎてしまうと、結果的に子どもにも影響が出るかもしれないからです。

もし疲れていて食事を作る気力がない時は、外食をしたり何か買ってきてもいいと思いますし、離乳食もすべて手作りと決めなくてもいいと思っています。なにもかも完璧にしようと思わず、忙しい時やつらくなりそうな時はバランスをとりながら適度に手を抜くなど、妥協点を見つけていくのも大事なことです。

何に妥協できるかは、人それぞれ異なると思います。人によっては子どもの遊ぶ場所や物にこだわりがあるかもしれませんし、子どもが着る服を選ぶのが大好きという人もいるでしょう。私は自分が食べることに対するこだわりが強いほうなので、子どもにもおいしいと思ってもらえるものを作るのが日々の楽しみです。また自分自身が睡眠を大切にしているので、子どもの睡眠にも気をつかっています。その2点に関しては、手を抜くとかえってストレスになり落ち着かない気分になりますが、それ以外の点では状況に応じて手を抜くこともあります。

理想論かもしれませんが、私は世の中の人にはいつも笑っていてほしいと願っています。子どもも、幸せそうな保育者を見ていたいと思っていると信じているので、私自身が笑顔でいられることがとても大事だと考えています。ですから「こんなに頑張っています」「こんなに大変」という姿を見せるのではなく、「幸せ」「楽しい」という姿を見せたいですし、実際私は「子育てはなんて楽しいんだろう」と思いながら日々を過ごしています。

自分をつらい気持ちに追い込んでも、誰も幸せにはなれないと思います。だから無理はせず、完璧を目指さず、手を抜いても大丈夫なことは手を抜いていいのではないでしょうか。

成長する我が子（幼児期／1歳以降）

SNSとのつきあい方

子育てで生じるさまざまな心配や不安を解消したい時や、疑問に思っていることへの答えがほしい時、SNSを見て参考にする方も多いと思います。私自身インスタグラムで子育てについて書いており、写真も載せています。「こういうやり方もあるのでは？」「こんな考え方もある」と自分の経験をお知らせすることで、子育てをしている方の参考になればいいなと思っているからです。

私もお友達や知人、あるいはお会いしたことのない専門家の方が発信しているSNSを見て参考にする場合もあります。自分一人の経験や知識は限られているので、さまざまな人の知恵や自分とは違う視点の発想に触れると、「なるほど！」と納得することもありますし、とても参考になります。

ただ、なかには一生懸命努力しているからこそ、SNSを見て「こうしなきゃいけないんだ」「私はこんなふうにはできない。ダメなお母さんかも…」と思ってしまう場合もあるかもしれません。たとえば離乳食の情報を見て「こんなふうに作らなきゃいけないのか」と義務のように考えると、荷が重くなりがちです。私は他の人が作った離乳食を見ておいしそうだなと感じると、「こういうメニューも食べさせてあげたい。これを食べたらどんな顔をするのかな？」と考えます。子どもの喜ぶ姿を想像するとワクワクしますし、自然とやってみよう！と前向きな気持ちになるからです。

誰もが料理が好きなわけではないでしょうし、作りたくても時間がない方もいるかもしれません。そういう場合は、「私にはちょっとハードルが高いから、同じようなものを買ってこよう」「切るところだけ自分でしよう」でも構わないと思います。

出産・子育てが新たなキャリアに

いろいろな女性にお話を聞くと、出産・子育てによって仕事のキャリアが一時的にストップしてしまうことに不安を抱いている方が多いようです。そのため、どのタイミングで子どもを授るか、迷いや葛藤が生じることもあるでしょうし、私自身その気持ちはとてもよくわかります。

私はシングルマザーであり、経済的に責任を持たなくてはいけない立場なので、出産ギリギリまで仕事をし、出産後も続けています。でもあまりにも忙しくなり時間に追われて睡眠時間を削ると、疲れが取れないまま日常を過ごすことになるので、子どもに対してもきっとよくないはずです。

人はそれぞれの時期で、役割が変わると思います。たとえば新生児は食べることと寝ることが仕事です。もう少し大きくなると、遊ぶことや身体をつくることも大切になり、就学したら学習も大事な役割になるでしょう。大人になると社会に対して貢献したり、やりがいのある仕事を見つけて自立の時期を迎えます。

私も一人の時は仕事が生活のなかで大きな割合を占めていましたが、子どもが生まれてからは保育者として子どもの人生をサポートする役割を担うようになりました。子どもが未就学児の間は保育者としての役目をなるべく優先したいと考えているので、ある程度時間の融通のきく仕事であることをありがたいと思っています。

仕事と出産・子育てとの兼ね合いやバランスに関しては、人それぞれ考え方が違うと思います。一時的にせよ仕事から離れることに、不安を感じる方もいるでしょう。多少歩む速度がゆっくりになったり、少し立ち止まることになったとしても、今までのキャリアがゼロになるのではなく、むしろそこに「育児」という違う種類のキャリアが積み重なるのではないでしょうか。

自分が出産・子育ての当事者になったことで、「世の中の女性はこういうものを求めていたんだ」「世の中のニーズに対してここがまだ足りない」といった気づきもたくさんあります。出産・子育てで仕事のブランクが生まれたり、スピードダウンしても今までとは違う視点で物事を捉えられるので、新たなキャリアが積み上がっている気がします。むしろ異なるキャリアが統合され、新たな発想が生まれることで仕事にもプラスに働くかもしれません。

他の子どもと比べない

子どもが歩き始めたのは1歳6ヶ月の頃。一般的に歩き始めるのは1歳前後からと言われており、なかには10ヶ月くらいから歩く子もいるようなので、比較的遅いほうだと思います。しかしハイハイの時期が長いほうがむしろ体幹が鍛えられて、座ることや歩くことが上手になったり、その後の身体能力にもよい影響が出る可能性があると知りました。そのため、少しおかしな話ですが、つかまり立ちを始めてからも意識的にハイハイに戻ってもらうようにしていたのです。

ずり這いのほうが得意でハイハイの仕方がわからない頃は、好きなおもちゃを目の前に置き、少しずつ離していきました。すると、つかみたいという気持ちから自然と四つん這いに近い姿勢になります。また、公園の芝生の上でピクニックをした時、芝生のチクチクする感覚が不思議だったようで、なるべく避けようと胴体を浮かしていました。これはハイハイの姿勢を覚えるのにぴったりだと思い、一時期はハイハイトレーニングのために毎朝同じ公園に通っていました。

ずり這いやハイハイだとベビーカーから降りられる場所も限られてしまいますし、地面が近いので衛生面にもとても気を使います。周りから「まだ歩かないの?」と言われることも少なくありませんでした。ですが、成長が止まっているわけではなく、この子のペースで前に進んでいるだけだという気持ちを持っていたので、焦ることも特にありませんでした。

発語も少し遅いほうだと思いますが、そもそも話し出す時期は9ヶ月から2歳までの間が多いと健診で教えてもらいました。一般的な成長段階でも1年以上の幅があるので、成長の速度は本当にひとりひとり違うのだと思います。ですから他の子と比較せず、〝その時々の成長〟を楽しむことが大切なのではないでしょうか。

余談ですが、言葉に関しては「話した」と認定する保育者側のさじ加減も影響してくるのかなと思います。

こんなことがありました。実家に帰っている時に、母が子どもとお散歩から帰ってくると、「この子お喋りするわよ！　わんちゃんを見て〝わんわん〟って言ったの！」と言いました。「わんわんって言葉、私は使ったことないから、なんとなく喃語《なんご》がそう聞こえただけだと思うんだけど…」と伝えても、母のなかでは〝喋った〟という認識になっていたのです。後日それは、いつも読んでいる絵本の犬の鳴き声を真似た、「Woof Woof」のことだとわかりました。

一緒に絵本を読んでいる時に何度も聞いてはいましたが、私はそれを喋ったとは捉えていませんでした。以前からベビーサインなどで意思疎通ができていたので、言葉を発したのか発していないのか、ということをあまり気にしていなかったのです。

ないものに目を向けず、あるものに目を向ける

確か小学1年生頃のことだったと思います。食べたいスイーツがあったのに、それが家になかったので冷蔵庫の前で「食べたい、食べたい」と言い張ったら、父から「ないものをねだってもどうにもならないのだから、ないものねだりをするものではない」と怒られました。どういうわけか、その出来事を今でも映像のように鮮明に記憶しており、何度も思い出しては「父はあの時、どんな想いであの言葉を言ったのだろう」と考えるようになりました。

成長し、いろいろなことを経験していくなかで、ないものに執着するとないことが苦しく感じられるけれど、あるものに目を向けると感謝の気持ちが湧いてくると気づきました。そして、徐々に考え方を変換できるようにもなりました。

たとえば、忙しくて睡眠時間が短くなると「子どもがもう少し朝遅く起きてくれたら、私ももうちょっとゆっくり眠れるのに…」という感情が湧いてくることがあります。しかし子どもがいてくれることによって、どんなに遅くまで起きていようと、朝

7時前には起きるので生活習慣が整います。ですから、「子どもがいてくれてルーティーン通りに起きてくれるおかげで、今日も健康的な朝が迎えられる。ありがとう」と気持ちを変換させています。

「変換」は、思考のトレーニングによって習慣になっていきます。私も子ども時代の記憶を反芻してトレーニングすることで、変換がうまくできるようになりました。

また、「ないもの」の例として身近なものといえば、「時間」ではないでしょうか。子育てをしている方は特に感じるかもしれません。時間がないとつい気持ちが焦ってしまいますし、余裕がなくなりがちです。そういう時に、街中でゆっくり一人でランチをしている人を見たりすると、「いいなぁ、あの人は」と思わずうらやむ気持ちが生まれてしまうかもしれません。

少しでも時間を捻出して余裕を生むためには、物事に優先順位をつけることが大切だと思います。日常生活のなかで何に重きを置くかは人それぞれだと思いますが、私はスポーツをした後でなかったり、汗をそれほどかいていない場合は、髪を洗うことを後回しにすることがそれほど気になりません。ですから時間の余裕がない時はシャワーを浴び、洗髪は翌日に回します。仕事や育児についても今一度考えてみると、「ここは妥協してもいい」「ここは手を抜いても気にならない」という点が見えてくると思います。「時間がない、どうしよう」と焦っている時こそ、いったん落ち着いて、物事の優先順位を考えてみるといいかもしれません。

徐々に感情が増えていく

最近の出来事ですが、子どもがサインペンで家の壁に絵を描き始めたので、反射的に「あ！」と声を出してしまったことがありました。子どもをびっくりさせてしまったのではないかと、慌てて「ごめんね。せっかく描いてくれたけどここは壁だから消させてね」と伝えて消そうとすると、子どもが下唇をギュッと噛んで必死に何かをこらえているような表情をしたのです。それは今まで見せたことのない初めての表情でした。消されたことが悲しかったのか、私の声に驚いて怖いと感じたのかはわかりませんが、それまで生じたことのない感情だと想像できたので「この感情はいつ芽生えたのだろう?」と、ふと思いました。

新生児の頃は何かを訴えたいことがある時は泣いて知らせ、感情の種類も限られていたと思います。その後少しずつ〝嬉しい〟や〝楽しい〟という感情が芽生えていきましたが、1歳を過ぎるまで〝悲しい〟という感情はなかった気がします。

いろいろな経験を通して新たな感情を習得し、少しずつ感情の幅が広がり、豊かになっていくのでしょう。この先どんな感情が芽生えて、どんなふうに表現してくれるのか、とても楽しみで仕方ありません。

イヤイヤ期が楽しみ

子どもが2歳に近づくと、友人から「そろそろイヤイヤ期かな?」と言われるようになりました。子どもによって「イヤイヤ期」には個人差があるようで、一般的に2歳頃から始まり、3歳で落ち着き始めて、4歳頃までには終わるとされているようです。なかにはイヤイヤ期を不安に思っている方も多いと聞きますが、私は少し楽しみにしています。新たに「イヤ」という感情が生まれ、主張することで表現しているのだと思いますし、自分の好き嫌いがわかるようになってきたのだと捉えているからです。

まだそれほど喋らないので、何かしたいことや取りたいものがあるのに、自分の意思を伝えられない時は「う〜ん！」と大きな声を発したり、激しい態度になることがあります。伝わらないことにフラストレーションを感じ、子どもなりに苛立ちを覚えるのかもしれません。すべてを理解することは難しいですが、伝わった時の嬉しそうな顔が見たくて、「これかな？」「あれかな？」と問いかけています。

イヤイヤ期は、きっとたくさんの「イヤ」の中に、子どもが絶対的に〝したい〟と思っていることがある気がしているので、なるべく私がそれを理解できるように、その時がくるまでに成長したいと思っています。

怒らずに言い方を変える

私自身は子どもの頃、母から怒られたことはほとんどありませんでしたが、父からはよく怒られた記憶があります。父は血の気の多いタイプなので大声を出すこともありましたが、決してただ感情的になっているわけではなく、なぜ叱っているのかということを論理的に説明してくれます。怒られた時、こちらがしっかり考えて論理的に返すと理解してくれたので、自然と自分で考えて意見を言えるよう鍛えられた気がしています。

私はあまり怒りの感情を持たないように気をつけているので、もちろん子どもを怒ることもありません。今はものの分別がついていないので、危ないことをしそうになった時には止めなければいけない場面もありますが、否定する言葉を使わないように心がけています。

たとえば、もし子どもが熱いものを触ろうとしたら、「これは熱いから触っちゃダメ！」と言うのではなく「触ると熱いから、これは見るだけにしようね」と伝えます。

走ると危険な場所では「走らないで」と否定せず「歩いてくれると嬉しいな」と言い、大きな声を出すと迷惑になる場所では「大きな声を出さないで」ではなく、小さな声で「内緒のお話をする声で話してみない？」と伝えると、真似して小さな声を出すようになります。予定が決まっていて出かける際に、子どもがおもちゃを散らかそうとしたら「今それをするとお片付けに時間がかかって困るから、帰ってきてからにしてほしいな」と自分の要求を丁寧に伝えると、子どもは理解してくれるのです。

これから先、子どもが友達と接する機会が増えたりすると、もっとはっきりと注意をしなければならない場面も出てくるとは思いますが、今まで以上に注意の仕方には気をつけていきたいと思っています。

子どもをコントロールしようとしたり、自分の期待通りの行動をしてほしいと思ってしまうと、つい「ダメ」など行動を否定する言葉を使ってしまいがちです。言い方を変えて「こうしてみない？」と提案するように伝えてみると、子どもも一度、言葉の意味を考えて行動してくれるようになるのではないかと思っています。

街でも自然の中でも自分らしく

幼いうちは、自分と他人を傷つける行為と、自分の健康を害する行為以外は基本的に何をしてもいいと思っていますが、街を歩いていると行動に制限をかけなくてはいけないシーンが多々あります。たとえば家から公園に着くまでの間も、子どもにとっては研究の場なので、好奇心を全開にしてあれを見たい、これも触りたいとよく立ち止まり、10分の距離に1時間かかったりします。悩ましいのは、子どもがよその家の植栽や鉢植えの花に興味を示し、手を伸ばそうとすること。なるべく「ダメ」とは言いたくないので、「このお花は、ここのおうちの人が大切に育てているものだから見るだけにしようね」と提案するようにしています。

そんな時ふと、屋久島や地元・沖縄など、自然の中で過ごす時間を思い出すことがあります。子どもは落ちている杉の葉や石を拾って持って帰ろうと抱えたり、砂浜で転げまわったりして自由に過ごし、私も子どもの行動を止めることが少なくなります。自然豊かな場所で育つほうが制限されることが少ないので、子どもはのびのびと育つのかもしれないと思うことがあるのです。

一方で、街でも自分らしく生きられるようになってほしいとも思っています。そのためには子どものうちからある程度、社会の規則やマナーを習慣化しておく必要があると考えています。そのバランスが、なかなか悩ましいのです。

自然の中にいる時はのびのびと。そして街では、まわりに配慮ができる。できればそんなふうに、どちらのよさも理解し、その場所の価値観を尊重できるような人に育ってほしいなと思っています。

成長するにあたり準備したもの

子どもの成長に合わせて、その都度、必要なものも様々。おもちゃやお出かけグッズ、手づかみのごはんレシピなどをご紹介します。おすすめのお店情報もご参考までに。

Toy

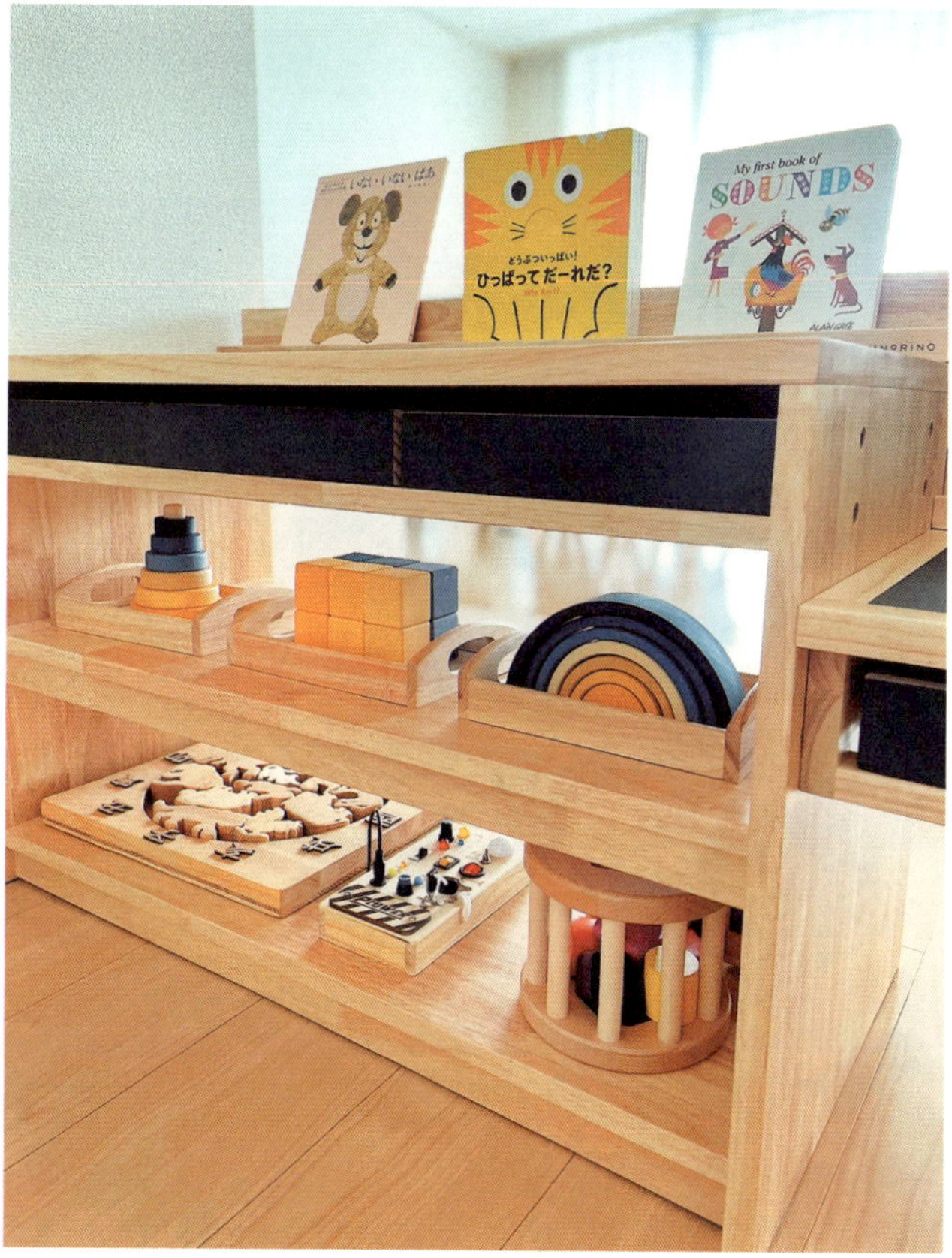

おもちゃは月齢に合わせて、というよりもその時に本人が興味のあるものを集めるようにしています。家の電気をつけたり消したりするのがブームだった時に、もっとたくさんのスイッチを押させてあげたくてスイッチのおもちゃを探したりしました。

お絵描き好きなので…

デスクとチェアは1歳前までに揃えたくて、8ヶ月頃からなんとなく探し始めました。新しいブランド、MINORINOを見つけ、これだ！と決めたのですが当時は発売開始時期が未定だったので、問い合わせて発売を待つことに。結局1歳を過ぎた頃になりました。

品質や機能性、安全性の他にこだわったのはデザイン性です。日常の視覚からも感性が養われると思ったので、私にとっても心地のよいものに触れ、それ以上の感性を得てほしいという想いがありました。デスクとチェアを初めて目にした時、自分専用の空間に目をキラキラと輝かせていた姿は忘れられません。

11ヶ月頃、私の真似をしてボールペンを触るのが好きだったので、自由にお絵描きができるようにホワイトボードを購入しました。

絵本も大好きなので、一緒に本屋さんに行き本人に選んでもらっています

『子ども時代にしか読む価値のないものは子ども時代においても読む価値はない』というC・S・ルイスの考えに感銘を受けているので、絵本(絵の本)は絵自体に美しさや発見があるものを選んでいます。

大は小を兼ねる！　備えあれば憂いなし！
という性格なので
お出かけの荷物は多めです（笑）

1 バッグはすべてが入る大きめのものを。コンパクトにできる方のお話をぜひ聞きたい! ってくらい荷物は多めです。　**2** おむつは5枚ほど。**3** 持ち運び用おしり拭きは厚手なパンパースのもの。　**4** 虫除け、日焼け止め、ベビーオイルや持ち運びサイズのボディソープの他におもちゃの消毒液も持っています。他の子のおもちゃを舐めてしまった時や、お店のものを触ってしまった時に拭いてお返しできるように。

5 お着替えは2セット。　**6** 薄手のガーゼタオルは寒い時や日よけの他に、芝生の上に敷いたりバギーを人の車に乗せてもらう時のシート代わりなど一枚持っているととっても便利です。**7** 小さなゴミ袋や、何かと便利なジップロック等一式と簡易スタイも。多めに入れていると他の子どもたちにも分けてあげられるので7、8枚は入っています。

おしり拭きと、防水シートは何でも使えて超便利

プッパプーポのおしり拭きは厚手で大きめ、肌触りがよく水分量も多いので、お肌に優しい気がします。大理石柄なのでお部屋にそのまま置いていても違和感がありません。ただ、大きいので基本的に自宅使いで、持ち運び用はパンパースを使っています。

海苔は便利なおやつ

栄養があって手が汚れず、すぐに満腹にもならなくて長く食べ続けてくれるので、移動が長い時に助かります。自分で千切るのも楽しそうなので、あえて大きいサイズをチョイス。干し芋は何十種類もの干し芋を買ってみて、結果私が買い続けているのはこちら。小さいサイズは食べ切ってしまうので、ストックで封のついた大きいサイズの方も持ち運んでいます。

お取り寄せしている焼き芋

塚田商店の冷凍焼き芋、紅はるか。 ねっとりと甘味が強いので半解凍で アイスのように食べるのもおすすめ。 小ぶりで食べ切りやすいサイズ感なのも嬉しいポイントです。冷凍されたまま、ひとつずつラップに包んで保冷バッグに入れると保冷剤代わりにもなるし、おやつの頃にはちょうどいい柔らかさになっていておいしいです。

抱っこ用スリングはファッションアイテムのひとつ

歩き出してからは特に好奇心が旺盛になり、抱っこの目線がいい時と自分で歩きたい時の気分も様々。使わない時もファッションとしてお洒落につけていられるスリングやヒップシートを探して出会ったのがWILDRIDEのスリングです！ 子どもといる時は白黒のお洋服かグリーン系のウェアが多いのでこちらの柄に決めました。

手づかみごはんのレシピを少しだけご紹介。スプーンを使うことへの興味が湧いたり、日々の成長にわくわくします

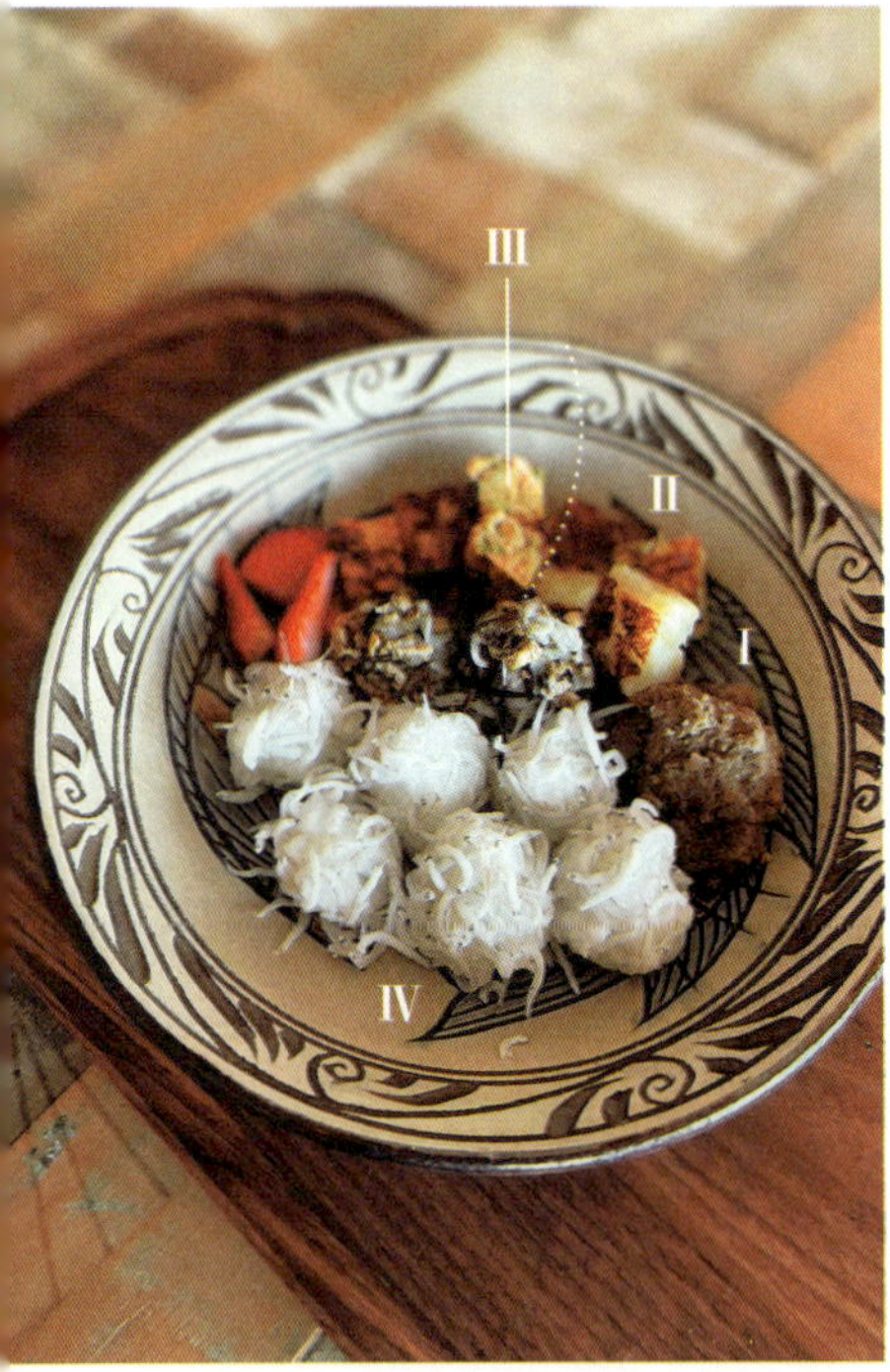

食べさせていた時期 …11ヶ月頃

用意するもの

I：さば、木綿豆腐、たまご、醤油、白米(炊いたもの)
II：山芋、田芋or里芋、キャベツ、塩
III：お好みの野菜、たまご、油
IV：軟飯、しらす、お好みの具材（刻み海苔など）

I. さばバーグ

作り方

木綿豆腐は水切りをしておく。さばは蒸して皮と骨を取り、豆腐、たまご、醤油少々、白米（お豆腐1丁に対して大さじ2ほど）と混ぜ合わせ形を整えてフライパンへ。ふたをして蒸し焼きにし、火が通ったら裏返して焼き目をつける。

II. もちもちお好み焼き風

作り方

おろした山芋、蒸した田芋をミキサーにかける。細かく刻み、ボウルで塩揉みしたキャベツに加え混ぜ合わせる。小さなフライパンに厚めに入れ、弱火で両面焼く。(大きめのお皿に移して裏返すと形が崩れにくいです)

III.野菜たっぷりオムレツ

作り方

お好みの野菜を細かく刻み、溶いたたまごと合わせて油を敷いた厚焼きたまご用のフライパンへ。ふたをして弱火で焼き、十分に火が通ったら裏返して焼き目をつける。

IV. しらす軟飯

作り方

軟飯をボール状に丸めて周りにしらすや海苔、鰹節、好みの具材をまぶす。

POINT

さばバーグで使う白米はお粥ではなく、普通に炊いたものがいいと思います。揚げないチキンナゲット、揚げないコロッケなどつなぎが足りないと思った時には片栗粉の代わりにお米を使っています。オムレツに入れるお野菜は水分が出ないものがおすすめです。私はエリンギ、しめじ、舞茸、えのきなどを入れて、きのこオムレツにしていました。

離乳食レシピはp137〜に掲載

食べさせていた時期
…1歳3ヶ月頃

用意するもの
I：トマト、アボカド、ひきわり納豆、ブロッコリー、里芋、大根
II：へちま、昆布だし、白味噌
III：にんじん、あおさ、ひじき、油揚げ、醤油
そのほか：ごま、玄米、黒米、もち麦、もちきび、あわ
※玄米〜あわを炊飯器で炒いて、ごまをふる。

I. 素材をそのまま楽しむお野菜丼

作り方
1 ブロッコリーと里芋を蒸して、程よい大きさに切る。
2 アボカドを潰す。
3 トマトはカットする。
4 大根をおろす。
5 ひきわり納豆はそのまま。

II. へちまのお味噌汁

作り方
へちまの皮をむき扇形にカットし、昆布だしで茹でる。火が通ったら白味噌を溶く。

III. ひじきの煮物

作り方
1 ひじきとあおさを水で戻し、食べやすいサイズにカットしておく。
2 にんじんと油揚げをみじん切りにする。
3 すべてをSTAUBに入れ、焦げない程度の水を入れて極弱火で蒸し煮る。火が通ったら醤油少々を入れる。

POINT

食材を切っただけでも食べられるようになり、内臓機能も発達したので生野菜を多く取り入れています。特に意識してるのは、私たちの身体に大切な栄養素なのに生成できる量が決まっている【酵素】を温存できるように、消化酵素を多く含む食材を食べさせること。消化酵素の多いアボカドと大根、発酵食品の納豆を毎日どこかのタイミングでメニューに入れるようにしています。

子どもとのおでかけ情報

**子どもと外食に行くのって、考えることが多いですよね。
そもそも子どもがOKなお店なのか、おむつを替えるスペースはあるのか、
子どもが食べられるものがあるのか…。
私が子どもと行ったお店を少しだけシェアします！**

Filemone

モーニング、ランチ、ディナーすべて子どもOK。モーニングのメニューは無添加のお野菜とスープやパン、オープンサンドなどなので子どもも一緒に楽しめます。おむつ替え台はなし、ミッドタウンが近いので、前後で立ち寄るといいかも。

東京都港区赤坂 8-12-12 赤坂アンドロン 101

The Burn by SALT GROUP

こだわりのお野菜やお肉を使用しているので安心して子どもと楽しめます。素材だけのシンプルなメニューから、パンチのあるハンバーガーまで幅広いのが嬉しいポイント！ランチ、ディナー、どちらも子どもOK。ベビーカーでの入店も可能。

東京都港区北青山 1-2-3 青山ビルヂング B1F

Sankara Hotel & Spa 屋久島

12歳以下はNGですが、ホテルを貸切にしていただき、子どもと屋久島滞在を楽しみました。
2024年4月にサンカラのグループ施設が同じ屋久島に、サマナホテルをオープンしました。こちらはファミリーステイができるホテルでベビーベッドなどの貸し出しもあります。

鹿児島県熊毛郡屋久島町麦生字萩野上 553

PART 4

母の〝娘〟であった私が、母になる

～福田萌子×母・美佳子さんの対談～

涙が出るほど嬉しくて

編集　萌子さんから初めて「子どもを授かった」と聞いた時のお気持ちはいかがでしたか？

母　もう、涙が溢れ出ました。こうやって話していても、涙が出てくる…。でも、あまり騒いだらはしたないと思って、泣くのは抑えていたんです。

萌子　直接会って話したのよね。

母　そう。正直、もう孫の顔は見られないかな、と思ったりもしていたから、子どもができたと聞いて本当に嬉しかったの。

萌子　私があちこち海外に行ったり、自転車に乗ったりトライアスロンしたり、まだいろんなことに興味があったから、孫のことは諦めていたの？

母　諦めていたというより、孫に会いたいという感覚も忘れていた感じかしら。孫がいないならいないで、それでもいいとは思っていたのよ。あなたさえ、いてくれれば。妊娠中は私が心配しすぎたり、あれこれ意見しても、たぶん「大丈夫、自分でちゃんとわかっているから」と答えるだろうと思って、あえて何も言わないようにしていたの。

萌子 そうだったのね。私は気になったことは自分で調べて勉強する、自分のことは自分で決める。そういう性格だとよく知ってくれているものね。

母 我が家は昔から、子どもに干渉しすぎないようにしているから。本人が責任を持って行動しているのだから、それでいいと思っているの。

萌子 出産予定日は知らせてあったけど予定通りに進むとは限らないから、少し落ちついてから「今、病院にいます」と連絡した覚えがあるのだけど、どうだったかしら。

母 そう。それから生まれたという報告を受けて、ほっとしたわ。やっぱり、無事に生まれるまでは心配だったから。でも、その心配が終わったら、すぐに次の心配が始まると思っていたの。妊婦さんだったのが、一人の身体になるでしょう。そしたら身体のバランスが崩れてしまうから、その後ケアしなくてはいけない。産後はそこから始まるというのは、私自身、体験しているから。

萌子 私の場合、お友達や産後ケア施設の方々に本当に助けていただきました。

母 私は遠くに住んでいるし、充分にサポートできなかったものね。それにしても、あなたが子どもと話しているのを見ると、なんだか、おかしくて仕方がない。「食べるの？　食べないの？　どうしたいの？」って、辛抱強く聞くじゃない。孫はまだ上手く喋れなくて、「あ〜」とか「う〜」とか言うと、「そう、わかった。ありがとう」と言って、次に進む。遠くから聞いていると、お友達同士で話しているみたい。我が娘ながら、気長に丁寧に子どもに接するところは、本当に感心しています。

萌子　ありがとうございます。

母　私はたぶん、おむつを替える時も、自分のペースでどんどんやっていたと思うの。でもあなたは、「さぁ、一緒におむつを替えましょうね。その遊びが終わったら、こっちへ来てね」と促して、来るまで気長に待つでしょう。そうすると、子どももちゃんと来てくれるのよね。

萌子　他のことに気を取られていても、自分がある程度そのことに満足したら、替えてほしくて来てくれるのよね。

母　なにより萌子ちゃん自身が子育てを楽しんでいるように見えるから、私も安心しています。お仕事以外の時間は全力で子どもに向き合っているし、それを子どももわかっているみたい。

萌子 そう言ってもらえると、嬉しいな。

「大丈夫」は魔法の言葉

母 孫が生まれてから、「私の時はどうだった?」と聞かれるけれど、ほとんど忘れているの(笑)。当時は、いっぱいいっぱいだったから、あまり記憶になくて。でも、あなたの子育てを見ていると、子どもを一人の人間として対等に接して、人格を認めて育てているのが伝わってくる。まず様子をよく見て、「この子は今こうしたいんだな」と理解して前に進めていくから、時間もかかるわよね。私はあなたが小さい時、夫の会社を手伝っていて忙しかったから、それだけの時間的余裕もなかった。もう少し余裕をもってゆっくり育てられたらよかったな、と思うこともあるの。

萌子 あら! そうなの? 余裕をもって育てていただきたかったけど、私は私で楽しく過ごしていたと思うよ。

母 私の子育てとあなたの子育ては、時代も違うし、子どもの性格も違うだろうから、決して同じではないでしょう。ただ、共通しているのは、あまり「ダメ」とは言わないこと。私も、あなたが興味を示したことは、なんでもやらせてあげたいと思っていたの。習い事に関しては、私が習わせたくて習わせたものもあるけれど。

萌子　気がついたら、バレエとスイミングは習っていたよね。私が何かを習いたい時、パパに「これをやりたいんです」と言うと、「どういう理由でやりたいの？」と必ず聞かれた。お金も時間もかかるし、習うからにはどこまで続けるのか、とか。

母　私が「いいじゃない。やらせてあげたら」と言うと、「やるからには、目標を決めてやってみなさい」ってね。

萌子　やりたいと言ったことで、NOと言われたことは今まで一度もなかったよね。たぶん単なる気まぐれではなく、本気でやりたいと思っているのをパパもわかってくれたんだと思う。プロを目指すわけではないけれど、「教養の範囲でしっかりやりなさい」って。ピアノはソナタがある程度弾けるまで続けたら、お習字は8段がとれたら、みたいな感じで、パパの言うように目標を設定して実行していたなぁ。いろいろな習い事にチャレンジさせてもらったおかげで、目標を立てて達成することの楽しさを知ったし、視野が広がったと感謝しています。

母 習い事に限らず、人生のあらゆる選択において、萌子ちゃんは自分の考えで前に進みたいのだろうと思っていたから、こちらがストップをかけてもやってみるんだろうなと思っていた。そこは認めて、10代後半からはもう自由に生きたいように生きてみてもいい、と思っていたのよ。

萌子 でも、自転車やトライアスロンを始めた頃は、心配して「そんな危険なこと…」って止められた気がする。だから、内緒で出かけたこともありました(笑)。母親の言葉は子どもにとって影響力が大きいから、「危ない」と言われると、「大丈夫かな」と不安になってしまうこともあると思うの。だからあの時は「楽しんできてね」と言ってほしいと思っていたかな。

母 そうね。確かに「危ない」と言ってしまうと、できるものができなくなるかもしれない。ただ、私からするとトライアスロンなんて未知のスポーツだったから。つい、「海を泳いで流れに巻き込まれたらどうしよう」とか、「自転車で怪我したらどうしよう」と、心配になってしまったの。

萌子　でもそれ以外の時は、どんなことでも「萌子ちゃん、大丈夫よ」と言ってくれたよね。それは魔法の言葉だった。たまに、ぜんぜん大丈夫じゃない時にも「大丈夫よ」と言ったりしていたけど(笑)。

大人だけの時間があってもいい

母　親の私が言うのもなんだけど、萌子ちゃんは若い時からいつも一本〝信念〟がある。それは家庭環境の影響もあったのかもしれないわね。私は夫の仕事を手伝っていたから、いつも一緒、という感じで子育てはできなかった。寂しい思いはさせたかもしれないけれど、自分で考える習慣がつき、結果的に自立心が養われたのかもしれないわね。

萌子　寂しくなかったかと言われると、そうでもないというか——いわゆる鍵っ子だったけれど、両親の職場は家のすぐそばだったから、本当に困ったことが起きたらそこに行けばいいと思っていたの。

母　幼稚園の送迎バスが家の近くに着くとお迎えにいっていたけれど、ある時「もうお迎えにこなくてもいいよ」と言ったの覚えてる？　私は、本人が〝大丈夫〟と言うんだからそれを信じて、お迎えはやめたのよね。

萌子　そんなこともあったかしら。平日の日中はあまり一緒にいられなかったけれど、そのかわり週末は家族全員で過ごすのが習慣だったよね。それと平日の夜、夕食が終わってから、よく本屋さんに連れて行ってもくれた。携帯電話がない時代だったからトランシーバーを1台ずつ持って、お店の中で自由に本を探していいと言われて。好きな本を買ってもらえることが、とても嬉しかったの。

母　あなたの父親は、本が大好きだから。あなたが読書好きになったのは、きっと父親譲り。小さい頃から本が身近にあったから、本を読む習慣ができたのね。

萌子　私が小学校高学年になってからは、夫婦二人で旅行に行っていたでしょう？でもママは私にお留守番させることに対して、罪悪感を持っていなかったと思うの。

母　耳が痛いなぁ(笑)。

萌子　そのかわり冷蔵庫いっぱいに食料は入れていってくれたし、お金も置いていってくれたじゃない。留守にするにあたっていろいろ準備してくれているのもわかっていたし、夫婦二人で頑張って会社を大きくして、余裕ができたから二人で楽しみたい、というのは理解できていたの。私は学校や習い事で毎日楽しいから大丈夫だったけれど、まわりから「萌子ちゃんのご両親、子どもを置いて行っちゃうの？」と言われたりもして。でも、二人とも堂々としていて「いつも留守にしてごめんね」とか、一切言わなかったでしょう。それがかえってよかった気がするの。

母　今さらですが、ごめんね(笑)。

萌子　謝る必要はないわ。私は「また、いないのね」くらいの気持ちでいたもの。

母　あなたは子どもの頃から度胸があったから。家族でよく行っていた沖縄料理のお店に中学の制服を着たまま行って、一人でごはんを食べて帰ってきたこともあったわよね。

萌子　二人を見ていて、ぶれないって大事だなと思いました。もし親が「申し訳ない」と罪悪感を抱いていると、こちらもそれを感じ取って「私はかわいそうなんだ」と思ってしまうから。ぶれずに「楽しんでくるね」という感じでいられると、「楽しんできてね」と気持ちよく送り出せるの。そういえばクリスマスにお留守番だった時は、お庭にバラが一輪咲いていたから、バラに「ただいま」と話しかけたり――そんな、ちょっとドラマみたいなことを、やってみたりしました。

母 あら、初耳だわ(笑)。

自立するまでのサポートが親の役目

萌子 そういえば私を、モンテッソーリ教育(医師であり教育家であったマリア・モンテッソーリ博士が考案した教育法で、「子どもには、自分を育てる力が備わっている」という「自己教育力」の存在が前提となっている)の幼稚園に入れてくれていたのよね。最近それを知って、なんとなく腑に落ちました。

母 モンテッソーリ教育については、学生の頃から知っていて。たまたま家の近くにその教育を取り入れた幼稚園があったから、素敵だなと思って入れたの。

萌子 モンテッソーリ教育を取り入れると、自分のことが自分でできるようになる、と言うでしょう。私も子育てで自然と、似たようなことをしているみたい。子どもを産んで実感したのは、人は生まれた時は、自分でできないことがたくさんある。自分でおむつも替えられないし、ご飯も食べられない。それが少しずつ、いろいろなことができるようになっていく。手も自分で洗えるようになるし、自分でご飯も食べられるようになり――自分のことが自分でできるようになるまでの期間、サポートするのが親の役目なのかなと思っているの。子どもを見ていて面白いなと思ったのは、自分でおむつは取り替えられないけれど、ある時から自分でお尻を拭こうとするようになって。

母　おむつを替える状況になると、自分でお尻拭きを持ってきて出してくれたのにはびっくり。それだけでもずいぶん成長したなと思っていたけれど、その次の時は自分で拭こうとして――そうやって少しずつ成長するのよね。あなたの父親がソファに横になったままティッシュを使って、ゴミ箱にポンと投げ入れようとしたら、上手く入らずそれてしまって。そうしたら、孫は拾って捨ててくれたの。あれにはびっくりしたわ。私がティッシュを使っていると、「そこに捨ててね」と教えてくれるみたいな感じで、ゴミ箱を指さすじゃない。そういうのを見ていると、一度では覚えられなくても、小さな積み重ねでできることが増えていくようになるんだなと感じたの。

萌子　ゴミはゴミ箱に入れるとか、日常のなかで習慣化されているから。やっぱり、習慣って大事だと思う。

母　ある時、替えたオムツをそのあたりに置いて忘れてしまったことがあって。それを見つけた孫が、引きずってゴミ箱まで持っていってくれたの。あれには参りました(笑)。「おむつはここに捨てるのよ」とは、ひとことも言っていないんだけど、親の行動を見ていて覚えるのね。

萌子　子どもの頃から私たちは、「自立」という気持ちを本能的に持っているのかもしれないね。

母　これからご飯を食べるとか着替えるとか、サポートをしなくてもできるようになるだろうけれど、やっぱり親のやり方を見ているのよね。少し昔風の言い方かもしれないけれど、子どもは親の背中を見て育つのだと思う。だからきちんと背中を見せないと。仕事に関しても、どんな仕事であっても、真剣に向かっている大人を見ていれば、上手く育つんじゃないかしら。あと、「これはやっちゃダメ」と言う場合は、どうしてやったらいけないのかも教えてあげたい。「ダメ」と言わないでいるのは難しいけれど、ちゃんと説明するのが大人というか、人生の先輩としての仕事だと思うの。

まわりの人に感謝を

萌子　自分が子どもを産むまでは、ママは仕事と子育ての両方をきっちりやっていたと思っていたけれど、上手に手を抜くところは抜いていたんだなと思いました。すべてきっちりやろうと思うと疲れてしまうし、追い立てられるような気持ちになるでしょう。それは、自分にとっても子どもにとってもよくない気がするから。

母　私は「育児はこうしなければ」とあれこれ考えていたわけではないし、できる範囲で、目の前にあることをやってきた感じかしら。仕事も、自然のなりゆきで夫の仕事を手伝うようになったし、人生のなかで「これをやりたい」というものがあまりなかったの。でも、自分の子どもがだんだん大きくなるにつれ、女性であっても、やりたいことがあったらやったほうがいいと思うようになったのよね。私は自分の人生に不満があるわけではないけれど、あなたと私は違う人格だから、私と同じようにならなくてもいい、と——。

萌子　親子でも性格が違うし、それぞれに合った人生を歩んでいる感じよね。
母　でもどこかで、あなたを羨ましいと思う気持ちもあるのよ。
萌子　そうなの？　前に「萌子ちゃんの人生を見ていると楽しい」と言ってくれたことが、すごく嬉しかったのは覚えているけど。
母　楽しい、すごく楽しい。たとえば小さい頃、ピアノ教室に通い始めて、だんだん弾けるようになるのを見るのも楽しかった。子どもが成長していき、自立していく様子を見るのは、子育ての楽しさだと思う。
萌子　大人になってからも、私がいろいろなことに挑戦して人生を楽しんでいるみたいで、それが楽しいとメールを送ってくれたでしょう。
母　子どもを見て「あぁ、いいなぁ」と思えたとしたら、それだけで子どもはすごく親孝行をしていることになる。この子はきっと多くの人に支えられて、今を生きているんだろうなと思うと、まわりの人への感謝の念も湧くのよね。
萌子　20代の頃、一人でレストランに行った時に隣の席にいた少し年配のオペラ関係の方たちと会話が弾んだって話したこと覚えてる？　私は走って帰る途中だったたから、スポーツウェアを着てテラス席で食事をしていたんだけど、スポーツもするし芸術も好きだということで、「君には〝幅〟があるね」と褒めてくださって。「僕が褒めたということを、ご両親に話してくださいね。あなたをこういう女性に育てたご両親はすばらしい」と言っていただいたことをママに伝えたら、「そう言ってもらえるのはとても嬉しいけれど、それは親ではなく、あなたが自分で作ってきたものよ。あなたが交友関係を広げて、まわりの人たちがあなたを育ててくれたの。だから、まわりにいる人たちに感謝をしなさい」って言ってくれたじゃない。それを聞いて、「はぁ〜、ママはすごいなぁ」って思った。そして、私もいつかそういう目線で子どもに話せる母親になりたいと思いました。

母　あら、今日はずいぶん褒めてくれるのね。でも、改めてそういうふうに言ってくれるとやっぱり嬉しい。テンションあがる。このテンションのまま、孫と遊びます！

萌子　あら、遊ぶんじゃなくて、孫に遊んでいただくのよ(笑)。

母　ほんと、そうでした。萌子ちゃん、孫を産んでくれて本当にありがとう。

産後の美容、どうしてる？

儚い命を見守っていると、自分のことは後回しにしてしまいがちですよね。日々の成長やくるくると変わる表情がかわいくて一生懸命になっていると、いつの間にか今までの習慣からかけ離れてしまい、心と身体の不調に気づけなくなっていることがあるかもしれません。

私は、保育者の健康が子どもの健康につながると感じています。保育者である私たちが心身共に健康でいるからこそ、子どものことを安全に健やかに保育することができるのではないでしょうか。

一人の時とは違い、自分にかける時間は少なくなりますが、それは当たり前のこと。だって、あなたは今一人ではないから。

けれど自分の時間はゼロにはせず、ご自身のケアもしっかりしてあげてほしいです。あなたがお子さんを愛しているように、自分のことも愛してあげてくださいね。

Skin care

**スキンケアは日々の気温や湿度、自分の周期によって
多種多様に使い分けています。
その日に合ったスキンケアを自分自身に処方している感覚です。
私のスタメンのスキンケアはこちら。**

1 LA MERのクリームは使用歴が15年以上。欠かすことのできないクリームです。産後の乾燥したお肌には応急処置のように適量以上にたっぷり塗っていました。トロッとしたローションはお風呂上がりの時間のない時にとりあえずお肌にのせるだけでも◎。外気の刺激から守ってくれるベルベットのようなテクスチャーの美容液は敏感な時期によく使っています。　**2** Eirisのパック。植物由来のナノ繊維「バイオセルロース」がお肌にぴたっと密着し、美容成分を角質層まで浸透させてくれます。ちなみにパックは1日1回、“ながら”でしていますがEirisは週に1度のスペシャルケアとして使用しています。　**3** LANCÔMEの美容液、ジェニフィック アルティメ セラムはお肌の回復力をサポートしてくれる成分が豊富に含まれています。忙しくて疲れ気味の時に使っています。　**4** ESTĒE LAUDERの美容液は日中用と夜用どちらも常備。アドバンス ナイト リペアは、乾燥から肌を守りつつうるおいを与えてくれて肌の調子を整えてくれるアイテム。　**5** Wヒアルロン酸が含まれたDiorプレステージのマイクロ ユイル R セラムは肌にハリ感が欲しい時に使っています。　**6** gotō essentials(旧Goto Beauty)は敏感肌の方に特におすすめ。妊娠中、今まで使っていたスキンケアで合わないものが出てきた時にとても重宝しました。　**7** エステプロラボの美顔器一体型アイクリーム、ミラ リンクル ムーヴ。肌に触れると1分間に1万2000回振動して目元のシワにアプローチしてくれるので、たまに口まわりやほうれい線にも使っています。

※すべて本人私物

Hair care

**産後は抜け毛や髪質が変わるなど、
髪の毛に悩むことも多いですよね。
産後の体質の変化は、ヘアケアを
見直すきっかけになりました。**

1 産後1ヶ月頃から体質が変わったのか、今まで使っていたシャンプーとトリートメントが合わなくなりました。 迷子の時期を経て出会ったmeethのシャンプーとトリートメント。洗い上がりさっぱりなのに保湿力もあり、今の私の体質に合っている気がします。 **2** 血行をよくするためにお風呂の前にはRefaで頭皮を軽くマッサージしています。お風呂上がりのヘアブラシもRefaのもの。 **3** ベタつかず傷んだ毛先まで艶が出てなめらかになるオーライトのヘアオイル。ダウンスタイルだけでなくお団子やアレンジをする時にもワックス代わりに使っています。 **4** Dysonのエアスタイラー。ドライヤーヘッドで半乾きの状態になったら、ブロウ用のアタッチメントに取り替えて乾かしながらセットもできます。時間短縮になるのでとっても助かっちゃう!

※すべて本人私物

Body care

その日のむくみはその日のうちに、
その日の凝りもその日のうちに！
大好きなアイテムたちで、その日一日
頑張ってくれた身体の疲れをほぐしています。

1 ルラボのハンドクリーム。もっちりとした肌感が次の日まで続くのでボディクリームとしても使っています。容器が部屋のインテリアに馴染むので、しまわずに手の届くところに置いて小まめに塗り直しています。　2 ジョーマローンのボディクリーム。重ためなテクスチャーのクリームが、産後の乾燥した身体にぎゅっと張り付いて水分を内側に留めてくれました。　3 むくんでいる時にはポール・シェリーのハーバルオイルが最適！　塗るだけで老廃物の排泄をサポートする効果があるのでむくみやすい妊娠中にも重宝しました。香りもお気に入りでもう10年以上愛用しています。　4 女性のホルモンバランスにフォーカスしたアロマオイルのエンディア。ボディだけではなくヘアオイルとしても使えます。女性特有のゆらぎを穏やかな香りで整えてくれるので、ボディケアをしながら心のケアもしている気分。

※すべて本人私物

自分の身体も大切にするために。ペースがゆっくりでも、0にせず続けることが大切

私が通っているのは
カラダの使い方を説明するのが
とても上手なトレーナー、
大西珠美さんの
Pilates Studio elevenです。

1

2

3

Health

1 ピラティスは元々スポーツのパフォーマンスを上げるために通っていましたが、妊娠中は変化していく身体に寄り添って二人(私とお腹の子)のバランスを見つけ、現在は日々の育児で歪んだ身体をフラットな状態に整えています。 産後、腹筋の感覚がなくなり自分の足がどこに上がっているのかもわからない状態でしたが、ピラティスのおかげで神経の感覚が蘇りました。　**2** ランニングは腕を振るので肩甲骨が動き代謝が上がります。何よりも身体を動かして汗をかくととても楽しい！　有酸素運動は幸せホルモンであるセロトニンの生成にも効果があるので気持ちもリフレッシュされます。産後はいつもの半分に速度を落としてジョグから始め、身体が慣れてきた頃から少しずつスピードを上げて刺激を入れていました。身体だけでなく心の健康も整えてくれるランニングは私にとってメディテーションのようなものです。　**3** 予約が取れにくくなってほしくないので今まで口外していませんでしたが、アスリートに帯同するトレーナーさんたちが働く治療院『エスティームスポーツマッサージ』は私の中で唯一無二。妊娠中、坐骨神経痛に悩まされた時もとてもお世話になりました。10日に1回は通うようにしていますが、少し触れただけでこの10日間どんな姿勢を多くとって、どこに重心を置いて歩いていたかもわかってくれるので絶大な信頼をおいています。

子育ての合間に実践中！

すきま時間でできる簡単ストレッチ

子育てをしていると、抱っこや授乳など前かがみな姿勢になることが多くなりますよね。気づいたら疲労が蓄積していて、身体の歪みにつながることも。だからといって、ストレッチをする時間はなかなか取れなかったり…。そんな忙しい時でも、"すきま時間"で簡単にできちゃうストレッチがあるんです。私も日常的に行っているものを、6つご紹介します。

No.1 足指の血行促進ストレッチ

靴下を履いたり、先が詰まった靴を履いていると、足の指を動かすことが少なくなっていると思います。足の骨は全身の骨の約4分の1の数を占めており、細かい骨がたくさんあります。動きが硬くならないよう、日常的に動かすことが大切ですし、指の付け根を刺激することでむくみ解消や血行促進につながります。

こんな時にオススメ

- ✓お風呂で髪や顔を洗う時
- ✓ローテーブルを拭く時
- ✓子どものおもちゃを片付ける時　など

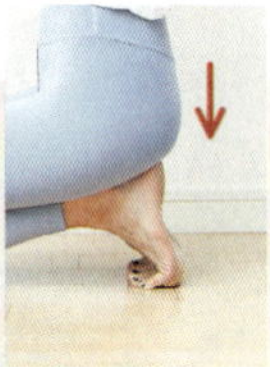

ポイントは…

かかとに負荷がかかるよう、体重をしっかり乗せると◎。指の付け根をしっかり折ってほぐしてください。この姿勢が取れる時は常にストレッチ！くらい、こまめに行うとなお効果的です。

HOW TO

正座をして、そこから足の指を立てるようにし、かかとの部分にお尻を乗せる。

No.2 腹斜筋ストレッチ

普段の生活で、脇腹にある腹斜筋を伸ばす機会は少ないと思います。育児やデスクワークなど、前のめりの姿勢でい続けると、腹斜筋はギュッと縮んで硬くなってしまうので、意識的に動かしてあげると◎。腹斜筋をほぐすことで呼吸が深くなりますし、内臓機能の活性化や腰痛にも効果的。また、くびれキープにもなります。

こんな時にオススメ

- ✓洗濯物をたたむ時
- ✓テレビを見ている時
- ✓床に座って作業している時はいつでもチャンス！

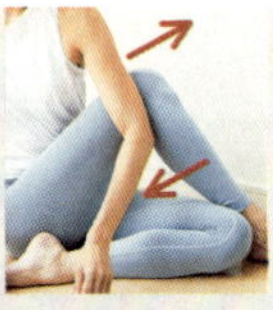

ポイントは…

ただ身体を横にひねるだけではなく、肘で膝を押して、腹斜筋が伸びている感覚を大切に。膝の位置を高くキープすることによってお尻も伸びて効果的です。

HOW TO

あぐらの姿勢から片脚を立て、そのまま反対の脚の外側に置く。立てた脚の膝に、反対側の肘をかけ、ぐっと押してそのまま身体をひねる。

No.3　肩周りのストレッチ

パソコンを触っている時やお料理を作っている時、子どもに関することをしている時…日常生活において、前のめりの姿勢で何か作業をするタイミングって本当に多いです。そうするとどんどん肩が前に出てきて固まってしまうのです。肩こりや猫背の原因になり、呼吸も浅くなってしまうので、内側に向いた姿勢は意識的に外に向けましょう。

こんな時にオススメ

✓机で何か作業をしている時
✓椅子に座っている時ならいつでもチャンス！

ポイントは…
身体を前に倒す時に、反り腰にならないように腰から頭まで一直線に倒すのがポイント。反り腰になってしまうと伸びを感じにくくなってしまうので、背筋を伸ばすことは忘れずに。

HOW TO
背筋を伸ばし、正面を向いたまま片方の腕を椅子の背もたれにかける（肘は曲げてOK）。肘よりやや下のところで腕をキープし、背筋を伸ばしたまま身体を前に倒す。鎖骨を横に長く広げるように、胸を広げる。

No.4　大胸筋ストレッチ

こちらも大胸筋のストレッチ。今度は立っている時に、片手が空いていたらできるストレッチをご紹介します。大胸筋にはもちろんですが、腕全体が伸びてとても気持ちいいので、その感覚も大事にしてみてください。

こんな時にオススメ

✓歯磨きをする時
✓片手で作業する時　など

ポイントは…
腕の位置が高いほうが肩まで繋がって伸びるのでしっかり高さを出すことが大切。指を下に向けた状態で内側に入った肩を外側にねじり返す意識を忘れずに。

HOW TO
片方の手のひらを指が(可能な限り)下を向くように、あご～口くらいの高さで壁につける。肘を真っ直ぐにしたまま上体をひねり、胸をしっかり開く。深呼吸をしながら10秒ほど伸ばす。もし痛い場合は、肘を少し曲げてもOK。

No.5 肩甲骨をほぐす動き

肩甲骨の周りは、意識して動かさないと固くなり、さらに前のめりな姿勢が続くと可動域が狭くなってしまいます。肩甲骨をほぐすことによって新陳代謝も上がり、上半身の動きがよくなるので、疲れにくくもなります。

こんな時にオススメ

✓家の中での移動中
✓手ぶらでいる時　など

ポイントは…

手を前後にただ動かすのではなく、両肩を後ろに回すようにして肩甲骨を寄せて前腕を前後に持っていくイメージ。肩甲骨を寄せた時、紙を挟めるくらいグッと寄せるようにするといいです。

HOW TO

手のひらを上にし、肘を脇腹につけて前腕を床と平行にする。胸を大きく開いて肩甲骨を寄せ、その勢いで前腕を後ろに回す。

No.6 胸鎖乳突筋ストレッチ

胸鎖乳突筋は鎖骨から耳の下まで伸びる筋肉。長時間下を向いていたり、前かがみの姿勢が多いと凝り固まり、血流が悪くなります。胸鎖乳突筋をほぐすことで、頭痛やめまい、肩こり解消にも効果があり、首のハリが和らぐので首がスッキリと細くなり、見た目の美しさにもつながります。

こんな時にオススメ

✓ウォーターサーバーで水を注ぐ時
✓コーヒーを淹れる時
✓片手で作業している時はいつでもチャンス！

ポイントは…

ただ頭を横に倒すのではなく、斜め後ろに倒すほうが効果的。頭を斜め後ろに倒した時、上に位置するほうの耳とその下の肩をぐ～っと遠ざけるようにしっかり伸ばすと◎。

HOW TO

頭を後ろに倒し、さらにそのまま横に倒す。目線は下に、地面をえぐるように見る。

PART 5

私なりの子育て

睡眠について

「ねんトレ」をすることに

土地の広さや住宅の違いもあるかもしれませんが、海外では赤ちゃんの頃から一人部屋がある家庭も多いというのは、なんとなく知っていました。

ある日、5歳の子どもを育てている友人と食事をしていた時のことです。その子が、「マミー、今日は一緒に寝てもいい？」と彼女に聞いていました。その時の私は単純に、子どもが母親と一緒に寝たいと言うのなら、その感情を優先させるほうがいいのではないかと思いました。

そこで、「いつも別々で寝ているの？」と聞いてみると、彼女の旦那さんはアメリカで幼少期を過ごしていたこともあり、ずっと一人部屋で育ったので、彼女の家庭でもそうしているとのことでした。

それがきっかけで、今まで親と寝るのが当たり前だと思っていた子どもの睡眠について、いろいろ調べはじめました。10ヶ月間母親のお腹の中で過ごしていたところから、生まれた瞬間、衣服を着せられてベッドの上で寝ることになるので、当然新生児は上手く眠ることができません。もちろんまだ昼夜の区別もついていないので、寝たり起きたりを何度も繰り返します。

それをサポートするために、子どもと一緒に寝て安心させたい気持ちは保育者なら誰でも持っていると思います。ですが、どうしたら子どもの睡眠の質を上げられるかを第一に考えた時に、一人で寝ることのメリットを知りました。

大人の場合、真っ暗で静かな部屋で寝る時が一番熟睡できると思います。寝ている最中に誰かが隣にいると、寝息や寝相で起きてしまうこともあるかもしれません。それが続くと睡眠の質が下がり、疲れが取れなくなっていきます。それは、大人も子どもも同じだと思ったのです。

そしてねんねトレーニング、いわゆる「ねんトレ」について調べていくうちに、さらにいろいろな考え方に出会いました。

子どもの脳の成長は、3歳くらいまでに土台が作られると言われています。だからこそ、その成長に大きく関与する「睡眠」について、トレーニングをしてルーティーンを作ることを試みたのです。

環境を整える

日本は畳に布団を敷いて寝る文化が受け継がれてきたので、今でも子どもに枕を使い、布団をかけている人も少なくないと思います。しかし、掛け布団等の寝具は赤ちゃんが寝返りをうったりする際に、窒息の要因になる可能性が高いとも言われています。また、保育者が添い寝をしている場合も、毛布などが子どもの顔にかかるかもしれず、場合によっては寝返りの際に押し潰してしまう危険性もあります。神経を張り巡らせているので、普段だったらそのような不注意は起こさないかもしれませんが、疲れ切って熟睡していると、気づかぬうちに事故が起こってしまうかもしれません。

子どもにとって一番安全なのは、毛布も布団もないベビーベッドに一人で寝ることだそうです。手足を自由に動かせるようになるまでは、ぬいぐるみなどもそばに置かず、ベッドには子どもだけ。お布団の代わりにおくるみやスリーパーなど、着るタイプの寝具を使用します。

そこで私も子どもが一人で寝るための部屋を設け、ベビーベッドを置き、見守りカメラをつけて環境を整えることにしました。

赤ちゃんがたくさん眠れるようにするためには、なるべく部屋を真っ暗にし、室温と湿度を一定にして睡眠の土台を整えることが大事だと学んだので、子どもが寝る部屋の温度は24℃、湿度は60％くらいに保ち、空気清浄機やスイッチについているライトにも黒い紙を貼って光がない状態を作っています。

ねんねルーティーンは根気強く一貫性を持たせて

安心して眠れる睡眠環境の土台が整ったら、次は「子ども自身の寝る力を引き出す」ことに移ります。

新生児期は眠りにつくことがまだ未熟なので、なかなか理想のルーティーン通りにはいきませんが、それでも一貫性を持って根気強く続けていくことが大切だと本を読んで学びました。

「おくるみを着たら寝る時間だ」と子どもに感覚で理解してもらうために、寝る前のルーティーンは統一して行います。泣き出してうまくいかない時もたくさんありましたが、柔軟性を持ちつつ、大きくかけ離れない程度に続けています。

月齢別に変わるお昼寝の長さや回数、夜間推奨睡眠時間や一日の合計の推奨睡眠時間を参考にしながら、一番大切にしたのは月齢別の活動時間の目安でした。ここでの活動時間は、子どもがご機嫌で起きていられる時間のことを指します。新生児だと40分、6ヶ月だと2時間~2時間半、1歳は4時間前後です。それに伴い、お昼寝の回数も朝寝、昼寝、夕寝の3回にリズムが整い、徐々に少なくなっていきます。

日によって起きていられる時間が少し短かったり、お友達がいると長く起きていたりとさまざまですが、活動時間内に寝かせてあげることでいつでもご機嫌でいてくれるようになりました。

セルフねんねに移行

5ヶ月半頃から、ミルクの時間は一度挟みますが、夜間は12時間睡眠、8ヶ月頃からは夜間ミルクもなくなり、夜通し12時間寝るようになりました。その頃の子どもの入眠スタイルは抱っこで眠りにつき、眠ったらベビーベッドに寝かせるという方法でした。抱っこをしている時間はだいたい15分ぐらい。抱っこ寝スタイルで私も子どももお互い満足をしていたはずなのですが、10ヶ月が近づいたある日から、寝ついて2時間の間に、多い時で3回ほど起きて泣いてしまうようになりました。

「セルフねんね」の本を読んで学んでいたこともあり、「あぁ、そろそろ入眠の癖を取ってあげないといけない時がきたんだな」とその理由はすぐにわかりました。

赤ちゃんは寝ついた時の状況と、浅い眠りになって少し目を開けた時の状況が違うと、不安で泣き出すことがあるのだそうです。そこで、子どもが自分の力で眠りにつくセルフねんねにトライすることにしました。日本では赤ちゃんが眠りにつく際、保育者がそばで子どもの身体をトントンと叩いたりしてサポートする、いわゆる「寝かしつけ」をすることが一般的だと思います。「セルフねんね」は大人と同じように子どもが保育者の力を借りず、自分自身で入眠をしていくスタイルのことです。

私が参考にしたのは、シンプルで実践しやすい「タイムメソッド」という方法です。いつもと同じように寝る前のルーティーンを終え、スリーパーを着せて部屋を真っ暗にします。この後、いつもなら抱っこで眠りについてからベッドに横にするスタイルですが、セルフねんねは目を開けている状態でベッドに寝かせ、「おやすみ」と挨拶をしてすぐに部屋の外に出ていくのです。

1日目は今までとは状況が違うので驚いた表情で、すぐにわ〜っと泣きじゃくりました。部屋の外の扉の前で見守りカメラの様子を見て、メソッドの時間を参考に入退室を繰り返しながら声をかけましたが、しばらくすると少し落ち着き、30分ほど経つと座ったままウトウトと眠り始めたのです。その後静かに入室し、子どもの身体を横にして、すぐに部屋を出ました。それからは朝までぐっすりと一度も目を覚ますことはありませんでした。

2日目は声かけをすることなく10分ほどで眠りにつきました。そして3日目になると入眠の時に泣くこともなくなりました。

初日は4時間泣き続けた、泣かずに寝つくようになるまで2ヶ月かかった、というセルフねんねに関する話を聞いて覚悟していたこともあり、少しおどろきました。きっと、これまで整えてきた睡眠の土台や生活習慣、寝る前のルーティーンが変わらないことが大きく関係していたのかなと思います。

私が決めていたのは、泣いている子どもの姿を見て胸が苦しくなっても私自身のために中断せず、子どものために一貫性を持って最後までやり通すという覚悟を持つことです。そして、これが〝いいこと〟なのだという強い意志を持ち、笑顔で寄り添い、安心感を与えたいと思っていました。

朝、目覚めた時も、むにゃむにゃと言いながらベッドの中で遊び、しばらくすると「起きようかなぁ」といった感じで起き上がって、「ああ〜」と私を呼びます。自分で入眠し、自分で目覚めることがとても気持ちよさそうです。もちろんうまくいかない日もありますが、一貫性を持って根気強く続けることでルーティーンが生まれるようになるのだと思います。

1歳半頃から、「眠たい」という感覚もわかってきたようで、眠くなるとぬいぐるみと私に「バイバ〜イ」と挨拶をして、リビングルームから自分の部屋にハイハイしていくようになりました。そして私のサポートを受けながら、自分で空気清浄機と加湿器の電源をピッと入れてカーテンを閉めます。どうやら私がやっている順番を見て、覚えたようです。

ルーティーンを作ると大人も楽になる

子どもが1歳になる前は、夜の睡眠の他に朝寝、昼寝、夕寝がありましたが、1歳頃には夕寝がなくなり、1歳半になると日中の睡眠は昼寝の1回になりました。私はその間にマシーンを使って走るなどの運動をしたり、自宅で仕事をする時間にしています。子どものルーティーンが整っていると私の予定も立てやすく、また寝かしつけの時間がないので一人の時間を多く確保できるようになりました。

これは普段のルーティーンですが、子どもは外で遊ぶのが大好きなので、朝ご飯後はよく近くの公園に行きます。なるべくベッドで睡眠をとってもらうようにしているので、一度帰宅して、昼食後に2時間ほどお昼寝。目が覚めたらおやつを食べてまた遊びに行きます。帰りに食材を買い、帰宅して5時に子どもはお風呂、その後、夕食をとり、6時から7時の間に就寝するのが一日の流れです。

私は夜10時にはベッドに入るので、子どもが寝てからの約3時間は私だけの時間です。その間に集中して翌日の食事の準備や勉強などをしたり、ときには夕食を食べながらワインを飲むこともあります。また、朝子どもが起きる前の約2時間も自分の時間として、ヨガやストレッチをしています。子どものルーティーンに合わせて生活をするようになり、いろいろなことが以前より効率よくこなせるようになりました。

私は子どもを授かって初めて、子どもとはこんなに「習慣」を持っていないのだと知りました。私たちはごく当たり前のように毎日歯磨きをしますし、寝る前には着替えます。でもそれらはすべて、後天的に身につけた習慣です。

生まれて間もない子どもは朝も昼も夜もなく、2〜3時間寝ては起きてミルクを飲み、また寝るという繰り返しです。ときには眠たいのに眠れないこともあり、生活のリズムがまったくない状態で必死に生命活動を行っています。

それが徐々に朝になると起きるようになり、夜になると眠たくなって一日のリズムができていきます。それはいわば自然の摂理ですが、そこに保育者の手によって、歯磨きや入浴など人間ならではの習慣が加わっていくのです。もしも保育者が歯磨きをしない人だったら、子どもも同じようになるかもしれません。

私は今まで自分の生活習慣を〝当たり前のこと〟だと思い、とくに意識はしてきませんでした。でも子どもと日常を過ごしていくうちに「こうやって両親がひとつひとつ私に習慣をつけてくれたんだ」と、改めて親に対して感謝の想いがわきました。

食事について

段階を踏んで食事トレーニング

離乳食は、5、6ヶ月から始めるように推奨されています。その頃になるとミルクだけでは栄養が摂れなくなってくると一般的に言われているからです。

私は5ヶ月から6ヶ月の間は栄養を摂るためではなく、ミルク以外のものをお腹に入れても消化不良を起こさないように内臓機能をトレーニングする期間だと捉えました。離乳食の進め方は、最初はスプーンに4分の1くらいの量をあげて、アレルギーや消化不良を起こさないかどうかを確かめながら、少しずつ量を増やしていくのが一般的です。仮に吐き戻しなどで進むペースが遅れても、栄養が足りなくなるかもしれないと焦らず、1~2ヶ月ほどかけて食べることの準備をしていく気持ちでした。

お粥からスタートして少しずつ食材を増やしていきましたが、目立ったアレルギーや消化不良もみられなかったので、6ヶ月くらいからはいよいよ栄養バランスを意識した離乳食をスタートしました。

主食のお粥は、徐々に水分量を減らしていきました。各国の離乳食を調べてみると、南米は芋類、イタリアやフランスではパン粥、ヨーロッパではジャガイモなど、やはりその国の主食や食文化のなかでよく食べられているものからスタートすることが多いようです。

手抜きをしてもかまわない

私がインスタグラムで発信している離乳食を見て、「手の込んだ離乳食で素敵ですね！」というお声をいただくことがあります。もちろん嬉しいのですが、決して凝ったことをしているわけではなく、実はかなり手抜きをしているのです。そのために役立っているのが、「蒸す」という調理法です。

子どもが起きているときは目が離せないので、朝、子どもが目覚める前に朝昼夜3食分の野菜を一気に蒸します。たとえばある日は、カボチャ、サトイモ、ニンジン、ブロッコリー、カブを蒸しました。メインのおかずは前日の夜に作ってあるので、それに蒸し野菜や納豆、お豆腐、アボカド、季節の果物など熱を通さなくていいものや、前々日に作って冷蔵庫に取りわけておいたひじきの煮物などのおかずを添えています。しかし組み合わせを変えているので、3食きちんとその時に作っているように見えるのかもしれません。

野菜に含まれているビタミンCは、茹でると茹で汁の中に溶けて流れてしまいます。その点〝蒸す〟という加熱方法をとると、ビタミンCの流出は少ないと言われているのです。それに水っぽくならず野菜そのもののうまみが凝縮されるので、調味料を使わなくてもとてもおいしくいただけます。一日分いっぺんに蒸すと適度に手も抜けて、一石二鳥、いえ、一石三鳥くらいの価値はありそうです。

離乳食は基本的に味付けをしなくても大丈夫ですが、ちょっぴり味をつけたい時は、塩、醤油、味噌などをほんの少し使います。昆布だしもよく使いますが、昆布だしのうまみがあると素材の味が引き立つので、調味料も少なくてすみます。

必要な栄養素が摂れるように

気をつけているのは栄養のバランスで、3回の食事でなるべく一日に必要な栄養素が摂れるように意識しています。特に不足しがちなのが、ビタミンや鉄分だそうです。私が作る離乳食の写真を見て「こんなに小さいうちからレバーを食べているんですか？」と驚いた方がいらっしゃいましたが、鉄分を補うのに効率的なのでレバーはよく取り入れています。

生野菜は消化しにくいので、一般的に1歳頃から食べてもいいとされています。始める時期はそれぞれだと思いますが、子どもの様子を見て消化が安定していたので、1歳より少し前から食べさせるようにしました。生の野菜や果物には、私たちの健康に欠かせないものなのに、体内で生成できる量が限られている酵素が多く含まれています。酵素は熱に弱く、生で食べることが理想的なので、酵素が多いと言われていて子どもでも食べやすい大根おろしやアボカド、パイナップルなどを積極的に取り入れるようにしています。

「食べる」ことが幸せであってほしいから

「食べることを楽しんでほしい」というのも、私が願っていることです。私たち大人は「今日はこれを食べたい」「あのお店に食べにいこう」と自分で選択できますが、まだ自己主張が上手くできない年齢の子どもは、「何が食べたい？」と聞いても答えが返ってこず、親が決めたものだけを食べています。

自分で食べるものを選択することができない時期だからこそ、食べることに喜びを感じてもらいたくて、ワクワクできる食事を用意したいと考えています。子どもの様子をよく観察し、たとえば「最近はカボチャが好きなんだ」と気がついたらカボチャのアレンジ料理を作ったり、ゴーヤを食べたら「苦味も好きなんだ！　じゃあピーマンも好きかもしれない」と想像して、新しいメニューをいろいろ考えています。

もうひとつ意識しているのが〝見た目〟です。私たち大人は、きれいな器に盛られた彩りが美しい料理を見ると、思わず「わぁ！」と声が出たり、一瞬で幸せな気分になります。子どもも大人と同じように、視覚から幸せな気持ちになることもあると思うのです。

そのため、お皿に並べたりお弁当箱に詰めた時の彩りも意識していますし、食器もなるべく私が美しいと感じるものを使うようにしています。食器を大切に扱う習慣も身につくといいなという気持ちと、やはり手で触った時の感触も大事だと思うからです。

食べない理由はいろいろ

食べたいタイミングや一回の食事で食べる量は、子どもによって違うと思います。なかなか食べてくれないとか、途中で食べるのをやめてしまうという悩みを聞くこともあります。我が家では比較的、生活のルーティーンができているほうですが、それでも集中力が切れて食事をとらないことがあります。大人でも、疲れている時や他のことが気になると、食事に身が入らなかったり、お腹が空いているのに眠気が勝ってしまうこともあると思います。

子どもは大人に比べると集中力が未熟なので、眠かったり疲れていると、大人以上に食べるための集中が続かなくなるのです。テーブルの上に何かが置いてあると、そちらに気をとられてしまうこともあるので、できるだけ物を置かないようにしたり、気が散らないように子どもの視野に入るのは私と壁だけにしています。同じ椅子に座り続けると飽きてしまうこともあったので、そういう時は気分を変えられるように、途中で「こちらに座る?」と椅子を変えたこともありました。そんなふうに試行錯誤して、なるべく食べる時間を増やすように工夫しています。

食べるつもりで座ったものの、少し食べてやめてしまう時もあります。大人でも誰かと話しながら食事をしていると、つい会話に夢中になって食べる手が止まったり、ちょっと手を止めてテレビを見たりすることがあるのではないでしょうか。子どもも大人と同じように、一瞬違うことに気をとられても、満足したらまた戻ってきて食べ始めることがあります。ですから子どもが食べるのをやめたからといって、無理やりその場で最後まで食べさせようとしなくてもいいと思うのです。

子どもが食べるのをやめた時、私は「じゃあ、ちょっと置いておきますか？」と提案します。少し遊んだ後にまた食べ始めることもあれば、そのまま食事をやめることもありますが、やめた場合は「じゃあ、お昼ご飯にいっぱい食べようね」と声をかけるようにしています。

子どもの食事中はそばで見守りながら、「よく噛んでね。上手に持てたね」などと話しかけたり、「これはカボチャって言うんだよ」「レバーには鉄分がたくさん含まれているんだよ」など、食材について説明したりもします。今はあまり意味がわからないかもしれませんが、食事中のそうした話しかけを通して、自然と食べることへの興味を持ってくれたらいいなと思っています。

知育と遊び

ティッシュケースからティッシュが出せるように

子どもにとっては、すべてのことが〝初めての経験〟です。徐々に好奇心が育っていき、ありとあらゆることに興味を示し、「どうしてなんだろう」「何が起きているんだろう」と知りたくなり、新たな経験に挑もうとします。子どもは本来、この世のすべてのものを研究したいと思っていると感じているので、そうした好奇心はできるだけ伸ばしたいと私は考えています。

一時期、ティッシュケースからティッシュを出すことに凝っていました。おそらく出しても出しても次々と紙が出てくるのが不思議で、面白かったのでしょう。最初は上手にティッシュをつかむことができませんでしたが、だんだんと片手で上手にシュッと出せるようになったので、ますます楽しくなったようです。また、薄い紙をつかむという行為は、指のトレーニングになるかもしれないと思いました。
生後10ヶ月頃、今度はウェットティッシュを取り出そうとしましたが、最初は容器ごと持ち上がってしまい、上手く出すことができませんでした。ある時、片手だと上手く引っ張り出せないけれど、両手を使うとスムーズに取り出せることに気づいたようで、確実にシュッと容器から取り出せるようになりました。その時の満足そうな顔が、今でも忘れられません。拳を握りしめて「よっしゃ！」とも聞こえる声を発したので、思わず笑ってしまいました。子どもが興味を持ったことを自分で試して研究し、新たな能力を獲得していく様子を目の当たりにして、とても感動した瞬間でした。

子どもはそんなふうに日常生活のなかで、少しずつ身体の感覚のトレーニングをして、成長していくのだと思います。ですから大人の目線で「そんなことしちゃダメでしょう」と止めるのではなく、子どもの探求心や「やってみたい」という気持ちを大事にしたいと思いました。ちなみに出したティッシュはトレイなどに置いておき、何かを拭く時に使うので、無駄にはなりません。

子どもの〝研究心〟を伸ばしてあげたい

身の回りのものの「概念」も、自分でいろいろ研究するなかでつかんでいくようです。水を例にとると、最初は飲んでいる水と、お風呂のバスタブに入っている水、台所や洗面所の蛇口から出てくる水が、〝同じものだ〟とリンクしていないようでした。ところがある時、温度は違うけれどお風呂に入っている液体も、普段飲んでいる水と同じなんだと気づいたらしく、飲んだことがありました。

それからしばらく経ち、今度はコップに入っている水と洗面台の蛇口から出てくる液体もどうやら同じらしいと気づいたようです。水が出てくる仕組みにも興味を持ったようで、ある時、洗面台で水を出したり止めたりすることに没頭していた時期があります。納得するまで研究してほしかったのでそのまま見守っていましたが、〝水〟ひとつをとっても、さまざまな角度からアプローチすることで、徐々に〝水〟というものを理解していくのだと子どもを見て学びました。

先ほど「子どもは大人より集中力が未熟」と書きましたが、何かを探求したいという気持ちが発動されると、飽きずに同じことを続けるようです。そして子どもにとっては、日常生活のすべてが知育なのだと思います。もちろん知育に役立つおもちゃもいろいろありますが、たとえおもちゃがなかったとしても、子どもにとって日常生活は研究の場で、そこからたくさんの発見があります。ですから私たち大人が当たり前に感じるような日常のささいな行動も、子どもが研究したいと思っている場合は、本人が満足するまでさせるようにしているのです。

洗面台で水を出したり止めたりしていた時期、保育士のお友達が家に遊びに来たことがあるのですが、私が子どもの行動を止めないのを見て「もしも保育園に行くようになったら『今はやめようね』を理解できる子になるね」と言ってくれました。どういうことなのかと思って詳しく聞くと、普段、家でやりたいことを思うようにできずにいると、「今はやめようね」と言われても「じゃあ、どこでするの？」という反発心が起きることが多いそうです。彼女は大勢の子どもたちを見守るなかで、そう言ってくれたのだと思います。

「できる」が増えると、子どもも嬉しい

小さいうちはまだ指先も器用ではなく、身体も上手に使えません。まだスプーンやフォークを使わない時期は、「つかみ食べ」で食事をしますが、口に入れる前にポトリと落としてしまうこともあります。本人もこぼさずしっかり食べたいのに、神経が未発達だから思うようにうまく身体を動かすことができないのでしょう。

その状態に一番苛立って、できないことに歯がゆさを感じているのは、子ども本人だと思います。つい不機嫌になって「あ〜っ」と声をあげたり、もしかしたらイライラが募って食べ物を投げてしまうかもしれません。しかし先ほど例にあげた、ティッシュを箱から出すといったことを繰り返すなかで、指先が器用に動かせるようになり、徐々につかみ食べやスプーンを使うのも上手になっていきます。

もし子どもがつかみ食べがうまくできなかったり、スプーンを使い始めてもこぼしてしまった場合、私は「惜しかったね。もう少しでできそうだったよ。もう一回やっ

てみる？」と声をかけ、ちょっとだけ手伝って「ここ、つかんでみて。ほら、できるよ！」と促します。私のサポートを得て上手にできると「よし！」と子どもも嬉しそうに、〝ドヤ顔〟になるのです。

子どもが棚の上など、ちょっと高いところに置いてあるものを取りたがっている時、大人が取ってあげることは簡単ですが、私は「できるよ。さあやってみよう。ここに足を乗せて、ここに手を置いて…」とサポートをして子ども自身に取らせるようにしています。うまく取れると達成感があるので、自分でパチパチと拍手して、すごく嬉しそうな顔をしてくれます。その表情が、本当にかわいいのです。

してみたかったことができた時の喜びは、子どもの発達においてとても大事だと感じています。子どもの成長ももちろんですが、「嬉しい」と喜ぶ姿を見ると私もとても幸せな気持ちになり、もっとチャレンジする機会を増やしてあげたいと思うようになりました。

そんな小さな「やった！」「できた」の積み重ねが、子どもの成長につながり、大袈裟かもしれませんが、ゆくゆくは自己肯定感を高めることに役立つのではないでしょうか。だから、何かをしようとしてできなかったとしても、親である私がやってあげたり、あるいは叱るのではなく、ちょっとだけサポートをして「できた！」をなるべく経験させてあげたいと思っています。もちろん急いでいる時や疲れて心に余裕がない時には、チャレンジを少しお休みしてもらうこともあります。

ベビーサインを試してみる

ベビーサインはまだ上手に話すことができない子どもと、ジェスチャーでコミュニケーションをとる方法です。見たものを真似るのが得意な子どもにとって、ベビーサインを習得するのはあまり苦労はないと聞いて、試してみることにしました。実際私が喋りながら手を動かすと、あっという間に覚えてくれました。

単語が話せるようになってもまだ言葉がうまく使えず、伝えたいことが伝わらない時期は、フラストレーションがたまることもあると思います。そういう時にも言葉以外で気持ちを伝えられるもうひとつの方法があると、子どもにとっても助けになる気がしています。

難しいように思うかもしれませんが、保育者が日常生活のなかでベビーサインを使いながら話していると自然と真似て覚えるので、あえて〝教えよう〟と意気込まなくて大丈夫です。

「選ぶ」楽しさを大切に

おもちゃに関して私は、できれば実物を見て手にとった時の感触や印象を大事にして買いたいので、実際にお店に行って選ぶことが多いです。私が惹かれるテイストのものを選んでいたら、自然とあたたかみがある木製のおもちゃが多くなりました。かといって、子どもに自分の好きなものを押しつけているわけではなく、子どもと一緒にお店へ行き、「どれがいい？」と聞いて選んでもらっています。

最近は知育玩具もたくさんの種類があり、遊び方もさまざまですが、私は一緒に遊ぶ時にしばらくの間、触らないようにしています。ルールのなかで長年生きた大人は、無意識のうちに「遊び方の正解」という固定概念を持っているからです。子どもは創造力が豊かなので、ひとつの玩具で何十種類もの遊び方を見つけることができます。

例えば、積み木は積んだり並べたりして何か形を作るものだという共通認識があると思います。ですが子どもの手にかかると、積むだけではなく音を奏でる楽器になったり、湯船に沈めてお宝探しのアイテムになったり、ときには積み木がフィットするスペースを家の中で見つけてくれたりと、私には想像できない遊び方を教えてくれるのです。そのたびに私は「なるほど！　天才！」と感心しています。

新しい玩具を触る時には子どもの自由な発想を妨げないように意識して、なるべく私の知っている遊び方を見せず「これの遊び方を教えて！」と聞くようにしています。

絵本を通して子どもの興味を知る

子どもが絵本に興味を持つようになったのは6ヶ月になった頃です。それまでは、発育の段階で子どもによさそうだと思ったものを私が集めていましたが、一緒に書店に行った時に子どもが触れたものを買うことにしました。偶然触れただけだったり、その瞬間だけ気になっただけかもしれませんが、子どもの触れたものを集めていたら、いつの間にかトラックにまつわる絵本が多くなっていました。

成長するにつれて興味の幅が広がったり、ブームの対象が変わったりするので、絵本を一緒に選ぶことも子どものことを知るきっかけになり、とても面白いです。

寝る前には3冊ほど一緒に本を読むのがルーティーンなので、就寝時間が近づくと自分で読んでほしい本を選んで、私に渡してくれます。ブームがある時には同じ本を繰り返し読みますが、反復することでその時々に違うことを感じていたり、新しい感情を学んでいくのだと思います。

プレゼントはなるべく受け取る

おそらく子どもが1歳頃だった時のこと。実家で過ごしていると、子どもが手でつかんだ食べ物を母に渡したことがありました。きっとプレゼントのつもりだったのだろうと思いますが、母は「ありがとう。でも、おばあちゃんは大丈夫だから」と受け取らなかったので「私が食べるね。ありがとう」と言って子どもからもらいました。

子どもが寝た後に、母に「ねえねえ、今度から食べ物を渡されたら受け取ってもらえるかしら?」とお願いしました。子どもにとって、今一番大事なものは、たぶん食べ物とおもちゃなのかなと感じています。本人からすると、自分の大事なものを好きな人にあげたいと思った好意の行動なので、それを断られた時の気持ちを考えると胸が痛みます。私たちも誰かのお宅を訪問する際など、「何が喜んでもらえるかな、これはどうかしら」と、いろいろ考えて手土産を持っていきます。それと同じことだと思いますし、そんな時にいらないと言われてしまったら傷つくはずです。

「だから食べなくても、もらってくれるだけで嬉しい」。そう言うと母は「そう言われてみたら、萌子ちゃんの言う通りだわ。今度からそうするわね」と、にっこりしてくれました。

子どもが食べている途中のものは、形が崩れていたり落とした後のものだったりすることがあります。衛生面から考えても、目の前でそれを食べる必要はないと思いますが、「ありがとう。嬉しい」とひとこと言って受け取るのが人対人のマナーかなと思います。大人でも子どもでも同じことだと思っているので、私はそうするようにしています。

我が家の離乳食レシピ

子どもの身体は食べたものから作られます。
私ができることは、その身体づくりをサポートしてあげること。
旬の食材は栄養価が高いので、旬のものを離乳食に取り入れています。
レシピを少しだけ、ご紹介。

Recipe 1

食べさせていた時期 …6ヶ月頃

用意するもの
納豆、ほうれん草、しらす、ブロッコリー、かぼちゃ、じゃがいも、たまご、白米、日高昆布

野菜たっぷりお粥

作り方
1 野菜をすべて蒸す。
2 しらすをお湯に浸して塩抜きをする。
3 食材をすべてみじん切りにして盛り付ける。
4 固茹でにしたたまごの黄身だけを潰し、離乳食の進み具合によって適量ふりかける。
5 お粥は日高昆布を入れて炊く。

POINT

特別なことは何もありませんが、シンプルだからこそ、とにかくできるだけ素材と調理法にこだわっています。お野菜は茹でるより蒸すほうが栄養が逃げていかないので、蒸したものに水を加えるなどして水分量を調整しています（多めに蒸して、大人もオリーブオイルとお塩をかけて温野菜として食べるのがおすすめ）。

Recipe 2

食べさせていた時期 …7ヶ月頃

用意するもの
I：トマト、ズッキーニ、なす、利尻昆布
II：にんじん、鶏レバー、玉ねぎ、牛乳、塩
III：さつまいも、玉ねぎ
IV：白米、日高昆布
そのほか：ブロッコリー、小松菜、ほうれん草、しらす

下準備

●ブロッコリー、小松菜、ほうれん草、にんじんをすべて蒸し、みじん切りにして、にんじん以外は盛り付ける。●しらすの塩抜きをし、刻む。

POINT

品目が多くて大変なように感じますが、鶏レバーとさつまいものポタージュは前日の夜に作っています。なすとズッキーニのトマト煮はその前の日に作ったものを取り分けて冷蔵しておいています。この離乳食を食べてもらう当日にすることは、お野菜を蒸して刻むぐらいです。調味料は最低限。食材の味を重ねることで、調味料の代わりにしています。

ポタージュやペーストはVitamixを愛用。種や皮までなめらかに粉砕できるので幼児期にはお野菜を丸ごと使っています。

I. なすとズッキーニのトマト煮

作り方
1 ズッキーニとなすをみじん切りにする。
2 ヘタを取ったトマトをミキサーでジュース状にする。
3 すべての野菜と利尻昆布を鍋に入れて弱火で煮る。

II. 鶏レバーとにんじんの和え物

作り方
1 鶏レバーを牛乳に10分ほど浸して臭みを取り、軽く水洗いをしたらスライスした玉ねぎ、レバーの順にフライパンに入れ弱火で炒める。
2 レバーの色が変わったら塩を入れ、ふたをし、蒸し焼きにして玉ねぎの水分を十分に出す。足りない場合は水を適量加える。
3 火が通り、水分がまだ残っている状態で火を止める。
4 あら熱が取れたらすべてミキサーに移し、なめらかになるまで混ぜる。（レバーと玉ねぎの比率は1:3がベスト）
5 できたレバーペーストを、みじん切りにしておいたにんじんと和える。

III. さつまいものポタージュ

作り方
さつまいもと玉ねぎをSTAUBに入れて弱火で蒸し煮にする。必要であれば水を加え、火が通ったらミキサー に移し、なめらかになるまで混ぜる。

IV. お粥

作り方
お粥は日高昆布を入れて炊く。

Recipe 3

食べさせていた時期 …8ヶ月頃

用意するもの

Ⅰ：かぼちゃ
Ⅱ：さつまいも
Ⅲ：A[ズッキーニ、なす、にんじん、玉ねぎ、へちま]、鶏ひき肉、オクラ、トマト、昆布、醤油

Ⅰ. かぼちゃのペースト、Ⅱ. さつまいものペースト

作り方

かぼちゃとさつまいもを蒸し、水分を加えながらそれぞれペースト状にする。

Ⅲ. 夏野菜のとろとろあんかけ

作り方

1 Aはすべてみじん切り。
2 トマト、オクラを下茹でする。
3 トマトは皮をむいて潰し、オクラは種を取りみじん切りにしておく。
4 沸騰したお湯に鶏ひき肉を入れて茹で、アク抜きをする。
5 オクラ以外の野菜と下茹でした鶏ひき肉、昆布を鍋へ入れ、弱火で蒸し煮にする。
6 火が通り、水分が十分に出てきたらとオクラと醤油数滴を入れて混ぜる。

POINT

STAUBのお鍋は無水調理ができるので食材を入れて蒸し煮にするだけですが、普通のお鍋の場合はお水を適量入れて、お野菜に火を通せば大丈夫。とろみづけは片栗粉ではなくオクラに代替え。オクラでとろみがつくほどの水分量がベストですが、水分が多ければ少し長めに煮たり、オクラの量を増やしてみると◎。余分な脂とアクを落とすために、お肉類は下茹でを。

お野菜の甘みやお肉の旨みを引き出してくれるSTAUBはひとつあると凄く便利！ 調味料が必要なくなる調理器具です。

Recipe 4

食べさせていた時期 …9ヶ月頃

用意するもの

I：鮭、しめじ、舞茸、えのき、昆布、醤油
II：かぶ、なす、ズッキーニ、醤油
III：ブロッコリー、豚ひき肉、たまご、塩
IV：かぼちゃ、玉ねぎ、豆乳
そのほか：じゃがいも、ほうれん草

下準備

●ブロッコリー、ほうれん草、じゃがいも、かぼちゃ、玉ねぎを蒸す。●じゃがいもは食べやすい大きさに切り、盛り付ける。●ほうれん草はみじん切りにし、盛り付ける。
※お粥はレシピ**2**を参照。

I. 鮭ときのこの煮物

作り方

1鮭は蒸し、冷めたら皮と骨を取り除く。
2昆布、みじん切りにしたきのこ類、鮭、水適量を鍋に入れ極弱火で煮て、火が通ったら醤油を数滴入れる。

II. 野菜の煮物

作り方

みじん切りにしたかぶ、なす、ズッキーニ、水適量を鍋に入れ弱火で煮て、醤油で味を調える。

III. 豚とブロッコリーの和え物

作り方

1豚ひき肉は茹でて水切りをし、スプーンでほぐす。
2蒸したブロッコリーをみじん切りにする。
3固茹でにしたたまごの黄身を潰し、ブロッコリーと豚ひき肉、塩少々を入れて混ぜる。

IV. かぼちゃのペースト

作り方

かぼちゃ、玉ねぎ、豆乳をミキサーにかける。

POINT

鮭ときのこの煮物は、きのこからは水分があまり出ないので無水調理にせず、煮ても水分がなくならない程度にお水を入れるのがおすすめ。鮭はしっかりと手でほぐして骨を取り除きますが、もしも小骨が残っていたとしてもSTAUBが圧力鍋の代わりになり、小骨程度は柔らかくしてくれるので安心。豆乳はお豆腐屋さんで買っています。お気に入りは赤坂の伊勢幸です。

Recipe 5

食べさせていた時期 …10ヶ月頃

用意するもの

Ⅰ：にんじん、鶏ひき肉
Ⅱ：豆腐、ブロッコリー
Ⅲ：まぐろの刺身、オクラ、醤油
Ⅳ：鶏レバー、玉ねぎ、牛乳、塩
そのほか：じゃがいも、昆布水（利尻昆布＋水）

下準備

- じゃがいも、にんじんを昆布水で煮る。
- オクラとブロッコリーは蒸しておく。

※Ⅳの鶏レバーはレシピ**2**を参照。

I. 鶏肉のビタミン和え

作り方

1 昆布水で煮たにんじんをミキサーにかける。
2 にんじんを潰し、下茹でしてほぐしておいた鶏ひき肉と混ぜ合わせる。

II. 豆腐（ブロッコリーのせ）

作り方

蒸したブロッコリーをみじん切りにし、湯通しして崩した豆腐にのせる。

III. まぐろのしっとり煮

作り方

1 蒸したオクラは種を取る。
2 まぐろを下茹でしてほぐす。
3 まぐろ、オクラ、昆布水を鍋に入れ沸騰したら醤油数滴を入れて混ぜ、火を止める。

POINT

まぐろは臭みのない新鮮な本まぐろのお刺身がおすすめですが、もちろん塊でもOK。塊を使う場合は、包丁である程度の大きさに切ってから下茹でをすると火が入りやすく、手でほぐすのが簡単です。

昆布水はピッチャーにお水と利尻昆布を入れて冷蔵庫に入れておいたものを使います。水分が出ない食材で、煮る時間が短い場合にはこの昆布水を使うことが多いです。

Recipe 6

食べさせていた時期 …11ヶ月頃

用意するもの

I ：生ひじき、牛ひき肉、にんじん、醤油

II ：**A**［椎茸、キャベツ、小松菜、玉ねぎ、白菜、かぶ］、昆布

そのほか：豆腐、かぼちゃ

そのほか2：ほうれん草、納豆

下準備

●にんじん、ほうれん草、かぼちゃを蒸し、みじん切りにしておく。●ほうれん草は盛り付ける。●かぼちゃはすり潰し、豆腐の上にのせる。

I. 鉄分炒め

作り方

1 生ひじきは水洗いしてカットする。

2 牛ひき肉は下茹でする。

3 ひじき、牛ひき肉、にんじんをフライパンに入れ、醤油を数滴垂らして炒める。

II. なんでも野菜スープ

作り方

A をすべてみじん切りにしてSTAUBに入れ、昆布とともに1時間ほど蒸し煮にする。

POINT

スープ好きなこともあり、お野菜を一度にたくさんとれるように野菜スープを作っています。多種類のお野菜から甘味が出るので調味料は必要ありません。椎茸や長ねぎ、玉ねぎなどを具材兼調味料の感覚で使っています。

離乳食の頃に使うお肉はひき肉にすると使いやすいです。脂身の少ない赤身のお肉を選び一度下茹でするのがおすすめ。

愛用の調味料はコチラ

お塩とオイルがあればすべて事足りるタイプなので
自宅にある調味料の種類はとってもシンプル。
ポン酢やマヨネーズが必要な時は、これらのこだわりの調味料を使って作っています。

1昔ながらの伝統の手法で作られ、"本物の醤油"と名高い三ツ星醤油を愛用。　**2**とば屋の壺之酢。酸味が柔らかいので味覚の鋭い子どももマリネを楽しめます。　**3**体内で生成することができないお塩は特にこだわりが強く、国内外のもの20種類ほど常備しています。子どものご飯には高濃度高ミネラルなイギリスのマルドンを使っています。　**4**お味噌は山利の白味噌。賞味期限は短いですが、お味噌汁だけではなくソースや和え物、ディップの味を調えるためにも使っています。　**5**山田製油の金のごま油。ご飯にかけるだけでもおいしいので混ぜおにぎりにも入れています。　**6**小豆島のオリーブオイル。癖のないまろやかな味なので、子どもにもぴったりです。

お米を炊く時は日高昆布、おかずを作る時には利尻昆布を使っています。 おかずに味をつけたらご飯に昆布は入れず、逆におかずが蒸しただけなど素材の味メインの時には、ご飯に昆布を入れて炊いていました。一品ではなく、その時の食事全体で味付けのバランスを取っています。

離乳食で参考にした本

2　1

1今まさに身体を創っている赤ちゃんには鉄分がとても大切。この本で鉄分の取り入れ方を参考にし、WHOの補完食と照らし合わせながら離乳食の栄養素を考えていました。　**2**『お味噌知る。』ではレシピを通して、素材の味を重ねることが最高の調味料になるということを学習。(私は玉ねぎと椎茸は、もはや調味料だと思っています！)

お皿はこだわりのものを。たくさん集めたくなっちゃう性格です

器が大好きなので、いろんな作家さんの作品を集めています。
1 増田哲士さんの器。すべて手作業で削いでいらっしゃるので器からあたたかい印象を感じます。トレイは岩崎翔さんの作品。素材と形が違うとお料理の印象も変わるのでテーブルコーディネートの幅が広がります。

2 私が特に好きな作家さん、平岡仁さんの器。お弁当箱のように横に壁がある器はスプーンがまだうまく使えない時に大活躍しました。　**3** 伊万里焼のお皿は美しくて見ているだけで幸せなので少しずつ集めています。　**4** 沖縄のやちむん。縁に柄があるので、お料理が華やかになります。

子どもと相性のいいカトラリーを探していろんな種類にトライ！

子どもの発達や意欲に合わせて揃えた様々なカトラリー。一般的にはまだ手づかみ食べの月齢でも、カトラリーを使ってみたいという子どもの意欲を大切にしているので興味を持ってくれた時に使えそうなものを購入しています。
1 スプーンを上手に使えるようになってからは、口に入れてからも自由に動かすことができるパンキンスのシリコンスプーンが使いやすそうでした。　**2** ピジョンのスープ用のフィーディングスプーンは離乳食初期用ですが、食べやすいのか子どものお気に入り。1歳半でも自分で柄の部分を短く持って使っています。

PART 6

人生を豊かにする子育ての時間

〝見方〟を変えると楽しい

ライフスタイルの変化を楽しむ

子どもが生まれてから、私の生活はガラリと変わりました。好きなことや趣味は変わらないので今も走ってはいますが、走る距離や時間は減っています。外で走る時間がない時は、子どもが寝ている間にマシンを使ってスピードを上げて走るなど、効率的にトレーニングをするようになりました。

以前は「今度このレストランに行ってみたい」とか「一人で飲みに行こう！」と思うこともありましたが、今はそういう思いもあまり湧いてきません。無理をしているのではなく、不思議なくらいそういう気持ちにならないのです。夜の外出が減ったことで、もしかしたら疎遠になる人もいるかもしれませんが、会いたいと思っている友人は子どもが起きているうちに会いに来てくれ、子どもが寝た後には一緒にお酒を飲みながらおうちご飯を楽しみます。

自宅だとジャンルを問わず食べたいものを好きなように作れますし、自分たち好みのお酒をペアリングすることもできます。お取り寄せグルメを頼んだり、好きな音楽をかけて歌ってみたり、外食にはない楽しみ方がたくさんあるのです。なにより、友人との時間をよりリラックスした空間で過ごせる素晴らしさを感じています。

ライフステージによってライフスタイルが変わるのは自然なことだと思います。今は、子どものルーティーンに合わせて過ごすことがなによりの幸せなので、夜の外出をしなくてもフラストレーションを感じることはあまりないのです。

仕事との両立は余裕を持って

子どもが生まれてからは予定をあまり詰め込まず、仕事の準備や原稿などはなるべく早めに終わらせて、余裕を持たせるようにしています。時間ギリギリに仕事を詰め込んでいると、子どもが突然体調を崩したり、突発的なトラブルが起きた時に対応できなくなってしまうからです。

子育てをしていると、することが増えるので確かに忙しいですし、疲れてしまう日があるのも事実です。私は普段、あまりうたた寝はしないのですが、たまにソファでちょっと休んでいるうちに、つい、うとうとしてしまうことがあります。そんな時は「どうしよう、時間を無駄にしてしまった！」と自分を責めるのではなく、「お天気のいい日に日光が差し込むお部屋でちょっとお昼寝ができて、なんて幸せなんだろう。疲れがとれてよかった」とポジティブに捉えます。するとパッと気持ちが切り替わり、自然と元気が湧いてくるのです。

子どもと学ぶ時間

世界は美しいもので満ちている

屋久島によく行くようになり、雨がとても好きになりました。屋久島は雨が多いことで知られ、年間降雨量は全国平均の約2倍を超えますが、この雨が美しい森や苔を作ってきたのだと思うと愛おしく、自然の偉大さを感じます。そういう視点で見ていると面白いことに、東京にいても今まで以上に雨を楽しめるようになりました。

強い雨が降ると公園に遊びに行けないので、子どもは少しがっかりするかもしれません。でも私は、「雨はいやだね」「外に行けなくて残念だね」と言うのではなく、子どもを抱っこして窓から外を眺めながら、「街がぼーっと霞んでいてきれいだね」「ほら、窓に水滴がついていて、すごく美しいよ」「雨が降ると、お花も樹も喜ぶんだよ」などと語りかけます。

最近、雨の日は、屋久島でガイドさんの案内のもとに拾ってきた石に絵を描いて遊んだりしています。家の中でも屋久島の自然を感じながら過ごす時間は、私にとっても心地よいひとときです。

子どもには、美しい朝焼けやお花、絵画や建築物など、きれいなものをたくさん見せてあげたいと思っています。でもそれだけではなく、「少し見方を変えるだけで、この世は美しいもので満ちている」と感じる心の目を持ってもらいたいなとも思うのです。わかりやすく言い換えると、物事をポジティブに捉える感性、ということかもしれません。雨が降ると億劫だと思うのではなく、雨を楽しもうとする。そんな感性が育ってくれたら嬉しいです。

日本の伝統文化や行事を大切に

私は日本の行事が好きで、一人で暮らしている時も、お正月を迎えるにあたっては羽子板を、2月末になると必ずひな人形を飾り、桃の花を活けたりしていました。

もともとひな祭りは、邪気を払うための年中行事だったと聞いています。旧暦の3月3日は新暦だと4月になりますが、春は体調が不安定になりがちな時期でもあるので、人形を飾って「今年もお守りください」と願っていたのでしょう。

子どもが生まれてからは、お宮参りや百日祝いの御膳など、私にとっても初めてのことばかりなので、おかげで伝統文化を深く知る機会になっています。

もちろん行事は楽しみですが、何よりも大切なのは健康です。必ずその日に行うと決めずに、期間に少し幅をもたせて捉えるようにしています。例えばお宮参りは正式には生後1ヶ月頃行いますが、寒い季節でしたので、子どもの健康を考えて少し遅らせて行いました。

私の家族は季節の行事を大切にしており、桜の季節には庭でお菓子とお茶を飲みながらお花見をし、初夏にはみんなで梅を収穫する「梅とりパーティー」、秋は「柿とりパーティー」をします。収穫の後はみんなで食事をし、成人してからは家族でお酒も楽しむようになりました。毎年収穫した梅で作り、熟成させておいた梅酒を飲みながら、その年の出来栄えについて話すのも楽しみのひとつです。

一人暮らしをするようになってからは、冬至が近づくと「柚子風呂に入りましょう」や、夏至には「今日は夏至です。水分補給をしっかりね」などのメールが母から来るので、忙しいなかでも日本の素敵な習慣を忘れずに過ごさせてもらっています。

日本の伝統行事の多くは、災いを避けて家族全員が健康でいられるよう願をかけたり、無病息災で一年過ごせたことに感謝をする意味合いがあります。私が両親にそうしてもらったように、物心ついた頃から四季を感じられる行事が身近にあれば、きっと子どもにとっても当たり前になるはずです。ただ行事をするのではなく、なぜこの行事があるのか、文化を共に学びながら子どもと日本の美しい四季を感じていきたいと思っています。

子どものために知識を広げたい

「この世界は多様性に満ちている」こともこの先、一緒に見つけていきたいと思っています。そのためには私自身、学び続けていくことが大切だと考えています。

「学ぶ」といっても、そう大袈裟なことではありません。たとえば離乳食を作る際、魚の骨を取り除いているうちに「魚の骨っていくつあるんだろう」と疑問に思ったので図鑑を見て調べるようになりました。そのなかで、この世界に生息する魚の種類の多さに改めて気づき、地球に生きる動物や鳥、昆虫や微生物などのまだ出会ったことのない生き物の存在に胸が高鳴りました。

人間界でも同じです。たくさんの国があり、人種もさまざま。長時間飛行機に乗れるようになったら、海外へも足を運び、世界の違いを探検してまわるのも楽しみです。

もちろん行くかどうかは子どもの意志を尊重したいと思っています。今も東京を離れる時は子どもに「一緒に行きますか？　沖縄でおじいちゃまとおばあちゃまに会うのと、ここにいるの、どちらがいい？」と聞くようにしています。まだ答えられないけれど、だからといって聞かないのは子どもに失礼な気がして、なんとなく私のなかで心地よくないので、確認しながら一つ一つ進めています。

子どもがもう少し大きくなったら、きっと「なんでなの？」「これはなに？」と、いろいろ質問するようになるでしょう。その時にある程度は答えられるよう私も知識の幅を広げたいと思っています。子どもが興味を抱くことに対して一緒に向き合い、わからないことは子どもと一緒に学んでいくつもりです。

「知りたい」という好奇心に素直に従っている子どもと共に生きていると、この世界にあるものすべてが、とても大きな研究対象に思えてくるのです。

世の中、いいことだけではないけれど

この先、子どもはさまざまな経験を積むことになるでしょう。学校に通うようになったら、いじめを目撃するかもしれません。場合によっては、いじめられる側になる可能性もあります。そんな時、親はどうすればいいのでしょう。私も、答えを持っていません。

ただ、その時に一緒になって真剣に悩み、誠実に向き合うことはできます。子どもが相手と和解したいと思っているのか、それとも離れたいと思っているのか。本心を聞いて、もしどうしても会いたくないと思っているなら、違う学校に行く選択をするかもしれません。

私は子どもに「人も自分も故意に傷つけることは避けようね」と伝えていきたいですし、同時に人は、ひとりひとりまったく違うということも受け入れてほしいと考え

ています。傷つけ合うことさえしなければ、ときには異なる意見の人どうしで考えをぶつけ合ってもいいと思っています。むしろ黙っているよりも、話し合うなかで歩み寄ることができ、「なるほど。この人はこう考えるんだ」「こういう考え方もあるんだ」と気づくはずです。堅い言葉でいうと、価値観の違いや多様性を受け入れる、ということかもしれません。

受け入れ、歩み寄ったとしても、どうしても合わない時には距離を置いていいとも思っています。相手を尊重し、傷つけないことはとても大切ですが、それと同じくらい自分のことも大切にしてほしいからです。

さいごに

子どもの寝顔を眺めていると、かわいくて幸せな気持ちになります。ちょっと目が覚めて、ふわ〜っとあくびをする姿もまた、かわいい。自分でも笑っちゃうくらい、瞬間、瞬間の子どもの仕草や表情がかわいく思えて仕方ありません。ぼーっとしている時は、「何を考えているんだろう」と気になり、子どもの笑顔に日々癒されています。

最近、外したおむつを自分でダストボックスに入れ終わると、「じょうず！」というように、自分で手をパチパチ叩くようになりました。私がゴミを捨てた時も手を叩いて「じょうずにできました！」と褒めてくれます。

お花を飾ると「ふぁ〜っ」と声を出して驚いた表情ともとれる大きなリアクションで喜び、節句の人形を出した時には目をまんまるに、そしてキラキラさせながらじっと見つめていました。初めてその人形を見た時の子どもの表情や目の輝きは、今でも鮮明に覚えています。その瞳の輝きを思い出すだけで「幸せ」が身体を包み込み、涙が溢れてきます。

よく「親は無償の愛を子どもにそそぐ」といいますが、私は逆だと思います。子どもが私を愛してくれているのです。私は子どもを通して愛を学ばせてもらっています。

さらにいえば、私は子どもからこの世界の摂理を学んでいると思っています。まったく無力でほぼ一日中寝ていた子どもが、徐々にハイハイをし、歩けるようになる。自分でトイレに行けるようになり、喋り、意思や感情を表現するようになる。すべてにおいて好奇心旺盛に、向上心を持って毎日同じことを繰り返し、できることがどんどん増えていく――成長の過程は生命の神秘ともいえますし、動物の本能ともいえます。私たち人間も自然の一部であり、動物なのだと感じています。


何かを自分でやりたいのに上手くできず、ちょっと機嫌が悪くなることもあります。でも、子どもは決してあきらめません。

たとえば私がペンを持って紙に描いていると、自分もやってみたくなるようです。伸ばしてきた手にペンを渡して「ここに描いていいよ」と言うと、一生懸命何かを描こうとするのですが、そもそもペンを上手に持つことすらできません。でも、「やってみるんだ」と自分で思っているのでしょう。数日すると、ペンを持って紙に何かを描けるようになっていました。

スプーンも同じです。最初は口に入れられず、こぼしたり、ぐちゃぐちゃになっていたのに、いつの間にかしっかり口まで運べるようになっています。あぁ、人はこうやって成長していくのかと感慨深いですし、あきらめずに続けるということがいかに大切なのか、子どもから学んでいます。

子どもを授かったことで、自分の子ども時代を改めて思い出し、母への感謝の気持ちもさらに強くなりました。0歳から3歳までの記憶はあまりありませんが、私はその間に、立つこと、歩くこと、食べること、喋ることなど、さまざまなことを学んだはずです。そして、その歩みを親が支えてくれたのです。

私は子どもを産み育てることで、ほんの少しずつですが、子どもと一緒に成長しているように思います。そして、子どもの成長を通して、覚えていない3歳までの人生をもう一度歩ませてもらっています。子どもが私に教えてくれていることは、まだほんの一部で、これから先もずっと続いていくのだと思います。私がこの世界からいなくなるその日まで。

もしも過去に戻って、仕事のキャリアを積むチャンスをもらえたり、うまくいかなかった恋愛を変えられると言われても、私は絶対に何も変えずに〝今〟に戻ってくるでしょう。何かを変えてしまったら、きっとあなたとは出会えない。私はあなたに会うためにこの人生を歩んできたのだと誇りを持って言えます。

少しくさい言葉になってしまいましたが、世の中の保育者のみなさんは、同じような想いでわが子のことを見守っているでしょう。そして保育者のみなさんも、誰かにそう想われている〝人の子〟なのです。

〝子どもたち〟が笑顔で楽しんで過ごせるように。この本を手に取ってくださった方に少しでも子育ての楽しみを感じてもらえたなら、こんなに嬉しいことはありません。

福田萌子

1987年6月26日生まれ。沖縄県出身。モデル、スポーツトラベラー。Prime Videoで配信された恋愛リアリティ番組『バチェロレッテ・ジャパン』に初代バチェロレッテとして参加。その後、2023年1月に、第一子出産を公表。2020年からweb媒体『arweb』(https://ar-mag.jp/)にて『初代バチェロレッテ・福田萌子の選ぶ女の頭のナカ』を連載。

子どもがわたしに教えてくれること

取材	篠藤ゆり 飯田帆乃香	**著者**	福田萌子
撮影	英里(model) 中村彩子(still)	**編集人**	足立春奈
ヘアメイク	奥平正芳	**発行人**	倉次辰男
編集	常盤春花(ar)	**発行所**	株式会社主婦と生活社 〒104-8357 東京都中央区京橋3-5-7 **編集部** 03-3563-2189 **販売部** 03-3563-5121 **生産部** 03-3563-5125 https://www.shufu.co.jp/
校正	滄流社	**製版所**	東京カラーフォト・プロセス株式会社
デザイン	ohmae-d	**印刷・製本所**	大日本印刷株式会社

ISBN978-4-391-16282-0